凡人が一流になるルール

齋藤 孝
Saito Takashi

PHP新書

まえがき

凡人が一流、できうれば超一流になるにはどうしたらいいのか？

この問いを私はずっと背負い、抱えこんできた。

「背負う」というのは、教育学者として、この問いに答えようとしてきたということだ。すべての人が学び、一流といわれるレベルで仕事をし、生きていくためにはどうしたらいいのか。声に出して読む、三色ボールペンで整理する、丹田《たんでん》呼吸法で集中する、といったメソッドを提案し、実践してきた。

「抱えこむ」とは、私自身一〇歳くらいのときからナポレオンやノーベルといった偉人の伝記を読んで影響を受け、「一流になりたい」「あわよくば偉人になりたい」と少年らしい「ボーイズ・ビー・アンビシャス」な思いを抱えこんできた、ということだ。

いい歳をして、この望みを持ち続けることは、疲れることでもあるが、一面、心のアンチエイジング効果もある。

つまり、野心は人を若くする、ということだ。

偉大な人は、私的野心ではなく「公共的野心」を自ら育て、生涯炎が燃えるように周囲を照らし、熱くする。生き方が若い。

才能や環境、運命によって、炎の大きさは異なってくるかもしれない。しかし、ろうそくのように小さなものであっても、「燃える炎として生きる」覚悟で生きる者は、一流への道を歩む者ではないだろうか。

一流を目指して一歩一歩道を踏み固めている者にとっては、自分をしっかり凡人としてとらえることは、歩むエネルギーになる。

凡人として出発することで、学ぶ素直さが生まれる。偉人たちから素直に学ぶ意欲は、通常は小学生を頂点にして徐々に衰退していく。しかし、私は、偉人たちから学ぶのに適しているのは、三〇歳からではないかと思っている。というのは、実際の仕事の経験を重ね、マネジメントする領域を持つころから、むしろ偉人たちの苦労とすごさが身に引きつけて理解できるようになるからだ。

本書は、エジソン、カーネギー、渋沢栄一、豊田佐吉、小林一三、フォードの仕事の習慣を「ルール化」したものである。

なぜこの六人を選んだのか？

それは「三〇歳からの偉人伝」というコンセプトから、広い意味でのマネジメント（経営）の達人として、このメンバーがベストだと考えたからだ。歴史に名を残し、現在にまでポジティブな影響を与えているこの六人の自己マネジメント、組織マネジメントの技（ルール）は、単に効果的であるばかりでなく、インパクトをもって私たちにせまってくる。

一見なにげないルールのように見えても、「この人の言葉か」と思うと説得力が変わってくる。全人格、全人生がそこに込められて、加速して追ってくる。

たとえば、エジソンルール3「運を信じない」。あのエジソンが言うのだから、信じてみよう。自分のルールとして、もう運を信じるのはやめて、自力でやり尽くそう。こう「自己ルール化」するだけで、今日見る景色が変わって見えてくるはずだ。

カーネギールール4「代理のチャンスを活かす」を自分のルールにすれば、新たな職をゲットする意欲が生まれてくる。野生の動物が獲物に食らいつくように、代理の仕事に飛びつき、自分のものにしてしまう。

渋沢栄一ルール9「座右の書を持つ」。渋沢が『論語』を生涯の書として判断基盤としたように、自分の座右の書を持つことをルール化する。判断力がその本（著者）によって鍛えられ、支えられる心強さを年ごとに感じることができるだろう。

豊田佐吉ルール4「理解するまで帰らない」。「とことんやる」「ぜったいに理解し、自分の血肉とする」。この強い覚悟で学ぶ深さが変わる。「技を盗むんだ」という意欲が、まなざしを鋭利なメスに変える。

小林一三ルール6「必要性から出発する」。「何でも企画すればいい」という安易な態度がいかに無責任かを知らせてくれるルールだ。現実はクリアだ。ダメなものはダメ。クリアすぎて、むしろさわやかなくらいだ。「必要性」から出発すれば、リスクは減る。

フォードルール4「事業は小さく始める」。巨大企業を作ったフォードに言われると、身が引きしまる。事業欲は悪くはないが、「大きな事業をとにかくやってみたい」というのではあぶない。いったいフォードは、どう始めたのか。小さく生んで大きく育てるコツを学びたい。

この六人は皆、近現代社会がまだ荒けずりな時代に生きた。いわば「鉄の時代の偉人」だ。それだけに、まっすぐな精神と手づくりの良さを人生全体から感じ取ることができる。今回あえて思い切って、「ルール化」を行ったのは、偉人を肌で感じ、自分の身の内側に入れてほしいからだ。

これらのルールを日々のチェックの項目にして頂ければ、必ずや「一流になるための鉄板ルール」になる、と信じている。

凡人が一流になるルール

目次

第1章 エジソンルール
EDISON RULES

第2章

カーネギールール

CARNEGIE RULES

第5章 小林一三ルール

KOBAYASHI RULES

第6章 フォードルール

FORD RULES

引用の際、旧漢字は新漢字に改めました。また、読みがなを加えたり、文字を太くした箇所があります。

イラスト　下谷二助
構成　村上　敬

本書は、月刊『THE21』2007年5月号〜2008年10月号連載分に、大幅に加筆・修正をほどこしたものです。

第1章

エジソンルール

EDISON RULES

写真提供：時事

トーマス・A・エジソン

1847年、オハイオ州生まれ。1877年に蓄音機の実用化で名声を獲得。ニュージャージー州メンロパークに、「発明工場」とでもいうべき研究所を設立。この研究所において、電話機、発電機、白熱電球などを相次いで商品化。1887年、ニュージャージー州ウェストオレンジに移り、ここで動画撮影機キネトグラフを発明。1931年に84歳で死去。生涯の発明は1300を超えるという。GE（ゼネラル・エレクトリック）の創業者としても有名。

ルール1 時空を超えて偉人に私淑する

最初に取り上げるのは、トーマス・A・エジソン（一八四七〜一九三一）のルールだ。普段は立志伝を読まない人でも、子供のころにエジソンの伝記を読んだ記憶があるはず。まさにトップバッターに相応《ふさわ》しい人物だ。

エジソンというと、まず天才発明家としての顔が思い浮かぶ。発明した機械をざっと並べてみると、電話機、蓄音機、白熱電球、トースター、電気アイロン、映写機、配電システムなど、どれも現代の私たちの暮らしに大きな影響を与えているものばかり。電気関係だけではない。セメントやプレハブ住宅もエジソンの発明というから恐れ入る。

ただ、発明家としての顔は一面にすぎない。エジソンは数々の発明で特許を取る一方で、それらを商品化して展開する実業家としての顔を持っていた。

そもそもエジソンは一人で発明をしていたわけではない。一八七六年、二九歳のときにメンロパークに研究所をつくり、そこで大勢の技術者を雇っている。もちろん自身も発明に深くかかわったが、基本はチームプレイだ。エジソンは研究所の経営者として、マネジメントに手腕を発揮していたのだ。

ちなみに世界最大のコングロマリットであるGE（ゼネラル・エレクトリック）は、エジソンが創業した会社が前身である。経営手腕が高く評価されている前CEOジャック・ウェルチは、いわばエジソンの後輩にあたる。

エジソンは一八四七年にアメリカ・オハイオ州で生まれた。幼少時代から知的好奇心が旺盛で、「一個の粘土と一個の粘土を合わせると大きな一個の粘土になるのに、なぜ1＋1は2なの？」というように、あらゆることに「なぜ」を連発していたのはよく知られているエピソードだ。

何事にも疑問を持つ態度が教師を煩《わずら》わせたのか、エジソンは小学校をわずか三カ月で退学している。その後、教育熱心な母親に勉強を教わりながら、独学で科学を学んだのも有名な話だろう。

独学の方法は、おもに読書と実験だった。とくに傾倒していたのは、電気分解や電磁誘導の法則を発見したイギリスの科学者、マイケル・ファラデーの著作だ。一〇代のころ図書館から借りた本のメモが残っているが、第一の必読書としてあげられていたのが、ファラデーが書いた『電磁気学』だった。

ファラデーとエジソンは生まれた時代が半世紀違うが（ファラデーは一七九一年生まれ）、境遇や考え方には共通点が多い。

エジソンは小学校に入学後、わずか三カ月で退学を勧められたという逸話が残っているが、ファラデーも一三歳で学校を中退して、独学で科学を学んでいる。どちらも当時の教育体制からのドロップアウト組だ。

研究者としてのスタンスも似ている。エジソンは理論より実用を重視する発明家だったが、ファラデーも実学を重んじ、電気を抽象的な概念ではなく実用的な力ととらえて研究を続けた。一八三三年にファラデーが電気分解の法則を発見したときの、こんなエピソードが残っている。

「ファラデーは、当時の政治家であったウィリアム・グラッドストーンに『電気はなんの役に立つのか』と質問され、『いつの日にか、閣下はこれに税金をかけるようになるでしょう』と答えたという」（『起業家エジソン』／名和小太郎著／朝日選書）

自身が発見した科学史上に残る法則がいずれ産業に大きく貢献するだろうことを、ファラデーは当時から見通していた。学問の域を超えた実学の発想ができるファラデーは、のちに電気製品の商品化に力を注ぐことになるエジソンに、うってつけの師匠だったろう。

もちろん師匠といっても、それは想像上の関係だ。直接の弟子になるわけではなく、ひそかに師として尊敬して学ぶことを「私淑《ししゅく》する」というが、エジソンはまさにファラデーに私淑していたといえる。

私淑の最大のメリットは、師匠に束縛されず、自由でいられることだ。残念ながら、現実社会の師弟関係はうっとうしい部分もある。たとえば尊敬している上司のお酒に無理やりつき合わされたり、引越しの手伝いにかりだされた経験がある人もいるはずだ。それはそれで学びがあるのかもしれないが、たいていは、ていよく利用されているだけ。学び方としては、けっして効率がいいとはいえない。

私淑には、そういった煩わしさがない。気分が乗らないときは本を閉じればいいし、逆に自分の中で知識欲が燃えさかっているときは、貪《むさぼ》るようにページをめくればいい。自分にとって、都合のいい学び方が可能だ。

人間関係以上に、考え方も独立性を保てるというメリットも大きい。現実社会の師弟関係は、多かれ少なかれ強制を伴《ともな》う。師匠が白を黒と言ったら、疑問があっても弟子は白を黒と言わざるを得ない。面従腹背《めんじゅうふくはい》ならばまだ救いがあるが、師匠の影響力が強い場合は疑問すら持たないかもしれない。また、弟子の発想や発見が師匠のものとされてしまうこともよくある。これではオリジナリティが育ちにくい。

一方、私淑なら、影響を受けつつも、独立性を侵されないだけの適度な距離感が保てる。必要な部分だけ知識を借りて、それを自分の独自の考えと融合することも自由自在だ。

もう一つ、私淑のメリットとして見逃せないのが、時空を超えて師匠に出会えることだろう。もし身の回りに尊敬に値する人物がいなかったとしても、私淑なら時代や場所に関係なく師事できる。たとえば本書で紹介しているエジソンをはじめとした偉人たちの仕事ぶりに感銘を受けたなら、彼らの著作や偉人伝から好きなだけ学べるのである。

逆にいえば、上司などの指導者に恵まれていなかったとしても、それを自分が成長しないことの言い訳にしてはいけない。学校に行けなかったエジソンがファラデーと出会ってさまざまな知識を吸収したように、その気になれば、学びのチャンスはいくらでもあるのだから。

ルール2 思いつきは、その場でメモに残す

独学で電気を学んだエジソンは、二一歳でボストンのウエスタン・ユニオン社に通信手として雇われる。そのころから亡くなるまでの六〇年あまり、ずっと続けてきた習慣がある。

それは「思いついたことは何でもその場でメモに残す」という習慣だ。

エジソンは、発明のアイデアはもちろん、着想を得た場所、日付、時間までを克明に記録していた。とにかく思い浮かんだことは何でも書き留めるので、一週間もしないうちに手帳がいっぱいになることも珍しくなかった。

ここで注目したいのは、自分の頭で思いついたことだけを記録していたという点だ。

メモを取るというと、人から聞いた話を詳細に書き留めようとする人が少なくない。しかし、見聞きしたことを書き留めるレベルは、創造的なメモの使い方とはいえない。発想で大事なのは、外部からの情報をヒントにして何を生み出すかだ。情報を記録することに神経を使って肝心のアイデアが浮かんでこないというのでは、メモを取る意味が薄れてしまう。

私の場合は、手帳の左半分にスケジュールや行動記録を書き、右半分は空欄にして、上に考えたいテーマの見出しを書いている。こうしておけば、何か別の行動をしているときに思いついたアイデアを、自分の行動と連携した形で素早く書き留めておくことができる。あとから見直したときも、いつどんな外部情報から着想したのかが簡単に把握できるので非常に便利だ。右半分はアイデアのみを書くと決めることで発想力が生活上のテーマになる。

そもそもアイデアは机の前で頭をひねるのではなく、何か別の行動をしているとき、ぼんやりと頭の中に残っていたテーマとスパークして生まれるケースが多い。

ニュートンは散歩中、リンゴが木から落ちる様子を見て万有引力の法則を発見したともいわれる。新しい発想を生み出すには、一見関係のなさそうな外部情報と、自分のテーマをいかに結び付けるかがカギになる。手帳にメモするのも、そのための仕掛けの一つだろう。

エジソンのメモの使い方には、もう一つ、興味深い特徴があった。エジソンはメモにアイデアを記録するだけでなく、部下への指示ツールとしても使っていた。

「エジソンは手作業があまりうまくなかったので、彼の粗いスケッチから短時間で試作機をつくり上げることができるようにチャールズ・バチェラーやジョン・オットといった熟練機械工をいつもそばに置いていた。エジソンは発明のアイデアをメモし、機械ショップでそれを試作品に仕立て上げさせるのである。簡単なスケッチと『ジョン・オット、これをつくること』と走り書きされた紙片は、エジソンの多くの発明の出発点だった」(『エジソン発明会社の没落』/アンドレ・ミラード著・橋本毅彦訳/朝日新聞社)

私たちがだれかに仕事を指示するときは、簡単なものは口頭で、複雑なものは文書で伝えるケースが多い。

一般的に口頭の指示はスピードが速いものの、相手が指示内容を忘れるなどして、うまく伝わらないことがある。

では、文書による指示はどうか。文書は詳細に指示できることが利点だが、一方で読み書きするのに時間を要するので、どうしてもスピードが鈍ってしまう。どちらも一長一短だ。

口頭と文書のちょうど中間に位置するのが、メモによる指示だ。手書きの簡単なメモなら、その場でさっと書けるし、読み手の負担も少ない。また形として残るため、相手に内容を誤解されたり、指示したこと自体を忘れられるという事故も起きづらい。もちろんケースバイケースの使い分けが重要だが、たくさんの指示が飛び交う現場において、メモは有効な指示方法の一つであることは間違いない。

メモによる意思疎通は、上司への報告や取引先との商談にも使える。いつも口頭か文書という両極端な方法でしかコミュニケーションをしていない人は、ぜひメモを選択肢の一つに加えてみてはどうだろうか。

ルール3　運を信じない

エジソンの初期の有名な発明に、白熱電球がある。この世紀の大発明が生まれたのは、

「結果を出すためには運を信じない」というルールを実践していたからだ。

発明の実験は、どちらかというとギャンブルに近い。たとえば試作品をつくるとき、最初に試した材料でいきなり成功するかもしれないし、一〇〇種類の材料を使って失敗したあと、一〇一種類目の材料でようやくうまくいくかもしれない。いつ当たりを引けるかは、理論の正しさだけでなく、運も大きく左右する。

ところが、エジソンは神頼みの考え方を真っ向から否定した。『エジソン』（ニール・ボールドウィン著・椿正晴訳／三田出版会）には、研究所に新しく入所した若い研究員から実験のルールについての質問を受け、次のように答えるエジソンが描かれている。

「俺は運など一切信じておらん。運などというものがあるとすれば、世界でこの俺ほど不運な男はいやしない。これまでの人生で大当たりしたことなどただの一度もないからな。必要なものを何とか手に入れようとすると、世界中のありとあらゆる不要物が見つかりだすんだ。どうしようもないものばかりが次から次へとだ。要《い》らないものが九九個見つかったところで、一〇〇番目にやっと探し求めていたものが手に入る。万事そういう調子だから、急に何かが見つかっても、それが本物かどうか疑ってかかることにしているんだ。慎重に調べりゃわかるが、だいたいは偽物だ。そういうのを不運と言うんじゃないのかね。だが、いい

あなたには
運も不運も
ありま
せんーネ……
手相

か。俺は運なんぞ信じちゃいない。幸運も不運もだ。たいていの連中は何回か試すとあきらめちまう。だがこの俺は狙った結果が出るまでは絶対にあきらめない」

すぐに望む結果が出ないのは当たり前で、それを不運のせいにして実験を投げ出してしまえば、永遠に結果は出ない。とことんやり尽くせば、だれでも必ず正解にたどり着けるはず。そう信じて、自分や研究員に〝実験の鬼〟になることを課していたのだ。

白熱電球も、このルールによってもたらされたといっていい。

実は白熱電球そのものは、すでに他の発明家の手によって世に生み出されていた。しかし、当時の白金製フィラメントは点灯すると高熱ですぐに燃え尽きてしまうため、実用に耐えられなかった。そこでエジソンは金属をフィラメントにすることをやめて、さまざまな植物で実験を重ねた。

その結果、一八七九年には木綿糸《もめんいと》を炭化させたフィラメントで四〇時間の連続点灯に成功した。さらに翌年には、京都の竹を炭化させたフィラメントで、連続九〇〇時間の点灯という記録を出している。

エジソンの実験ノートに書き連ねられている材料の数は、植物だけでも六〇〇〇種をくだらなかった。日本の竹が何回目の実験に使われたのかはわからないが、それまで気が遠くなるような数の失敗を積み重ねてきたのは間違いない。それでもエジソンは失敗を運のせいにして途中であきらめたりしなかった。成功に運も不運も関係ない。**実験を一つひとつ積み重ねていけば、いつかいい材料が見つかるという確信があったからこそ、白熱電球の長時間点灯を実現できたのだ。**

運を信じないというルールは、エジソンの名言、「天才は一パーセントの霊感と九九パーセントの汗（Genius is one percent inspiration and 99 percent perspiration）」ともつながっている。

この名言の解釈については諸説ある。「九九パーセントの努力がなければ、一パーセントのひらめきが無駄になる」というように、努力の大切さを強調した名言としてとらえられることもあれば、「一パーセントのひらめきがなければ、九九パーセントの努力が無駄になる」というように、逆にひらめきの重要性を説いたとする指摘もある。

エジソンは後年、この言葉を後者の意味だったと自ら解説している。運も不運も信じないというルールと照らし合わせると、自分のひらめきに対する確信が、そこに賭《か》ける膨大なエネルギーを引き出したといえる。

若い研究員に運についてレクチャーをしたあと、エジソンはこう続けている。

「俺が業績をあげたのは、俺に備わる『才覚』のおかげだと思っている人間が多いが、それは違う。賢い人間が死にものぐるいになって頑張り通せば、だれだって俺と同じ実績を残せるんだ。覚えておくがいい。棚からぼた餅なんてことはありゃしない。努力もしないで成果があがるもんか。『天才とは、天の与える一パーセントの霊感と、自ら流す九九パーセントの汗からなる』という俺の言葉をいろいろな機会に聞いたことがあるだろう。俺の人生は苦境の連続だよ」(『エジソン』)

努力の大切さは、だれもがわかっているはずだ。ただ、実際に苦境に立たされているとき、たんなる精神論で乗り切ろうとしても、なかなかうまくいかない。そこでエジソンは精神論を「運も不運も信じない」というルールに置き換えて、自分や研究員を鼓舞した。

このルールは、ビジネスマンにも大いに参考になる。たとえば営業の成績が落ち込んでくると、売れない原因を運に求めてしまう人もいるだろう。しかし、そこで「ツイていないから仕方がない」「今は時期が悪い」とあきらめてしまうと、もう成績は上がらない。

売上が伸びないのは、まだやり残したことがあるからだ。そう考えて試行錯誤を続ければ、ふとした拍子に打開策が見つかることもある。それは偶然の産物などではなく、「運、不運を信じず、とことんやり尽くす」というルールがもたらした当然の帰結なのだ。

ルール4 目標を豪語する

白熱電球の完成に向けて、もう一つ、エジソンが意識的に実践していたルールがある。それは目標を豪語することだ。エジソンは事あるごとにマスコミを使って「もう完成したも同然です」と言って周囲にアナウンスしていた。

エジソンは新聞記者を集めて、ガス灯に代わる電球を発明したと発表した。

「わたしが電灯を作った方法は、これまでいかなる科学者も思いつかなかったものである。彼らは皆同じ道を歩んできて成功しなかった。わたしが目的を達成した方法を知れば、皆どうしてそれを考えなかったのかと首をひねるだろう。わたしは一つの機械から千個、いや一万個の電灯を作り出すことができる」（『快人エジソン』／浜田和幸著／日経ビジネス人文庫）

しかし、このときエジソンはわずか一〇分間の寿命しかない白金バーナーを作ったばかりであり、研究はまだ道半ばだった。それでも完成したと平然と発表してしまうのだから、並のビッグマウスではない。

ようやく完成にこぎつけたときも、「大晦日《おおみそか》の夜にメンロパーク全域を電灯で照らす」と告知して三〇〇〇人の観衆を集めている。実際には研究所のまわりに三〇個の電球をつけただけだが、その場で「次はニューヨークを明るくする」と大風呂敷を広げて、さらに観衆の期待を煽《あお》った。

まだ完成していないものをさも完成したかのように周囲に発表するのは、投資家から発明資金を集めるための戦略であり、そこにエジソンの実業家としての才覚を見出すこともできる。

ただ、私が注目したいのは有言実行の効果だ。もし豪語したことが実現しなければ、ホラ吹きの汚名を着せられる。エジソンはそのリスクを背負うことで自分や部下を追い込み、アイデアを形にする原動力としたのだ。

日本の社会では謙虚が美徳とされるので、ビッグマウスは嫌われやすい。しかし、必要以上に謙虚すぎて、もどかしさを感じさせる場合もある。たとえば何かアイデアを思いついても、「どうせ上司の許可が下りない」、「企画が通っても障害が多すぎる」と考えて提案をやめてしまう。あるいは、上司から期待されて高い目標を与えられても、「自分にそんな実力はない」、「以前にも一度失敗している」と言って早々にあきらめてしまう。心当たりのある人も少なくないはずだ。

できない理由は、いくらでも思いつくものだ。しかし、そのたびに断念していては、どのような目標も達成できない。

エジソンのように、あえて「必ずできる」と豪語することで退路を断ち、それらのハードルをクリアすることに全力を注ぐという方法があってもいい。目標を絵に描いた餅で終わらせるのか、それとも実現して周囲から賞賛を浴びるか。それは自分しだいだろう。

ルール5　形になるまで作業の手を止めない

エジソンが研究所で多くの研究員を雇っていたのはすでに述べたとおりだが、エジソンの仕事の進め方についていけず、研究所を去った人も少なくなかった。

たとえば残業中に、次の会議で提案してみたいアイデアが思い浮かんだとしよう。会議は来週の予定なので、時間はまだたっぷりとある。こんなとき、みなさんならいったいどのような行動をとるだろうか。

ここで「今日はもう遅いので、明日また考えよう」、「時間はあるから、もっとアイデアを煮詰めてから企画書を作ろう」と考える人に、おそらくエジソンの部下は務まらない。

スピードを最優先するエジソンなら、「企画書を書きあげるまで帰るな！」と叱《しか》りつけるに違いないのだ。

エジソンは発明に当たって、**「仕事はホットなうちに片付ける」**という姿勢を実践していた。発明のアイデアが浮かぶと、すぐさま実験を開始して、試作品を完成させるまでひたすら作業に没頭した。漠然としたアイデアが目に見える何かの形に変わるまで、一気に仕事を片付けてしまうのだ。

終業時間もエジソンには関係がなかった。当時のタイムカードの記録を見ると、そのタフネスぶりに驚かされる。

「一九一二年九月一〇日付のエジソンのタイムカードによると、その週の勤務時間の合計は実に一一一時間四八分にもなる」（『エジソン』）

頑張って一晩徹夜するどころのレベルではない。エジソンは満足のいく結果が出るまで、家にほとんど帰らなかった。睡眠は、もっぱらラボの中。時々思い出したように寝転がって仮眠を取り、すぐ目を覚ましてはふたたび実験に取り掛かる。エジソンにとっては、それがごく普通の働き方だった。

こうなると、部下もおちおちと寝ていられない。助手が帰宅してベッドで寝ていると、わざわざ別の部下に電話させてラボに呼び出したことがあった。明かりが煌々《こうこう》とついた夜の工場で、エジソンは助手にこう告げた。

「今夜は二人で例の問題（引用者註：シリンダーの表面をコーティングする硬い被覆《ひふく》材を開発すること）の**答えが出るまで、絶対に眠らないことにしよう！**」（『エジソン』）

どうしてエジソンは徹夜作業にこだわったのか。

特許を取るのが他社より一日でも遅れると、一銭にもならないという発明ビジネスの特殊な事情もあったのかもしれない。エジソンの経営する会社は発明の特許に関して数々の訴訟を抱えていたが、わずかの遅れで特許が認められず、苦杯をなめた経験もある。

しかし、エジソンがそれ以上に心配していたのは、せっかくのアイデアが形になる前に冷えて固まってしまうことだった。

「鉄は熱いうちに打て」という格言があるが、アイデアを形にする過程もそれと同じだ。実験を始めるのが遅くなったり、途中で実験を中断させると、アイデアは熱を失って、いびつな形で固まってしまう。そうなると次は凝《こ》り固まったアイデアを溶かす作業から始めなくてはならず、結局、作業の総量が増えることになる。

また、モチベーションの問題も大きい。アイデアが浮かんだ瞬間は早く完成形を見たくてウズウズするものだが、いったん中断すると、気が削《そ》がれてふたたび取り掛かるのが面倒になってしまう。何とか作業を再開しても、最初のワクワク感は萎《しぼ》んで、むしろ義務感のほうが大きくなるのが常だ。

結果をいち早く出したいなら、アイデアが熱を帯びているうちに、作業が後戻りしない地点まで一気に形にしたほうがいい。一息入れることなく進めれば勢いを持続できるし、とりあえず形にすれば、後から改良を加えたり、間違いを修正するのも、それほど苦にならない。エジソンは日々の実験の中でこうした効果を体感していたからこそ、不眠不休で作業を続けたのである。まさに**「アイデアは熱いうちに打て」**である。

期日どおりに仕事を終わらせることができない人は、「形になるまで作業の手を止めない」というルールを参考にすべきだろう。何もエジソンのように、連日連夜の徹夜をしなくてもいい。何か思いついたときに即座に実行して形にする意識を持っていれば、仕事のスピードは格段に上がるはずだ。

熱いうちに
後戻りしない地点まで
一気に進めてしまおう

ルール6 血管を圧迫しない衣服を着る

馬車馬のごとく働いていたエジソンは、成功の秘訣を尋《たず》ねるファンからの手紙に対して、「私は一日に一八時間働きます。そういう生活をもう四五年間もつづけているのです」(『エジソン』)

と返事を書いていた。

一日一八時間と聞くと、「そんなに長時間働くと、集中力が続かずに能率が落ち、かえって仕事がはかどらない」と考える人もいるだろう。では、エジソンはどうやって過酷な労働を乗り切ったのか。ファンレターには、こう書かれている。

「私が一八時間も働けるのは、食事の量と睡眠時間を極力少なくし、血管をまったく圧迫しない衣服を身に着けているからです」(『エジソン』)

気合いで乗り切れと言わないところが、いかにも科学者らしい。たんなる精神論では、集中力は持続できない。一日や二日は頑張れたとしても、一週間後にはボーッとした頭で仕事をして、ミスを連発するのがオチだ。

エジソンが集中力を途切れさせないように意識していたのは、食事の量と睡眠、そして衣服だった。

最近はクールビズの影響か、オフィスでもネクタイを締めない人をよく見かけるようになった。クールビズは温暖化対策がそもそもの目的だが、ラフな格好で仕事をしてみて、思いのほか仕事がはかどったという人も多いのではないだろうか。

ネクタイやベルトなどで体を締めつけると、血流が妨《さまた》げられる。血行が悪くなれば、脳にも血液が行き渡らない。文字通り、頭の血の巡りが悪くなるわけだ。短時間ならさほど問題ないだろうが、一八時間となると、何らかの影響があっても不思議ではない。

ビジネスではフォーマルな衣服が必要な場面もある。実際、エジソンも蝶ネクタイ姿で写真に収められていることが多い。**しかし作業中の姿は、研究員と同じく白シャツ姿。研究所内では人目を気にするような必要はなく、もっとも自分がリラックスできる衣服で作業をしていた。**

衣食住に関するエジソンのルールは、それぞれ理に適《かな》っている。残業などで長時間労働するビジネスマンにも参考になるだろう。

ルール7 道具はいつも手元に置いておく

仕事を一気に片付けるために、エジソンは「道具はいつも手元に置いておく」というルールも実践していた。

配電システムの発明でさらに事業を拡大したエジソンは、一八八七年、拠点をニュージャージー州メンロパークから同州ウェストオレンジへと移して、大型の研究所を新たに建設した。このウェストオレンジ研究所には、古今東西、ありとあらゆる道具や材料が取りそろえられていた。『エジソン発明会社の没落』から、その徹底ぶりがよくわかる一節を引用しよう。

「一八八七年と八八年にウェストオレンジには、注文した品物が全米各地から届いた。工作機械、化学物質、電気装置とともにさまざまな材料（いろいろな長さの鋼鉄やパイプなどの材料だけではなく、竜の落とし子の歯や牛の毛といった珍品奇品にいたるまで）の荷物が到着した。それらは、五号棟の図書室と機械工作室の間の倉庫に収蔵された」

白熱電球のフィラメントのためにわざわざ京都の竹を取り寄せたエジソンだから、牛の毛あたりを用意するのは、まだ理解ができる。ただ、「竜の落とし子の歯」となると、もはや常人の想像の域を超えている。立派な博物館レベルだ。

いつ必要になるのかわからない材料まで、どうして網羅的に収蔵していたのか。それは時間を短縮するためだった。

エジソンの研究所には多数の鉱石が収蔵されていた。実験でどの鉱石を使うのかは、そのときになってみるまでわからない。しかし、必要になったときに手元になければ、新たに鉱石を調達するのに時間がかかってしまう。エジソンにとって、待ち時間が発生するということは、アイデアの熱が冷めてしまうことと同義である。そこであらゆる鉱石を手元に置き、実験の勢いが削がれない工夫をした。牛の毛や竜の落とし子の歯も、その延長線上にあったのだ。

道具や材料をつねに手元に置いておくというルールは、部品に関しても同じだった。当時、試作に必要な大型の金属部品は、外部業者に委託して製造するのが一般的だった。しかし、外部業者に頼むとなると、そこでも余計な待ち時間が発生する。そこでエジソンは、研究所内に冶金炉《やきんろ》を設置した。これによって、「女性用腕時計から機関車まで」（『エジソン発明会社の没落』）、研究所でありとあらゆるものを製造できるようになった。

エジソンは道具を自給自足できる体制を整えることにより、少しでも待ち時間を減らそうとしたのだ。

このように発明の要である材料と部品を手の届く範囲に準備しておくことで、実験のスピードは大幅に向上した。それまで数カ月かかっていた発明も、数日で完成されるようになったという。

実は私もこのルールを昔から実践している。学者の場合、材料にあたるのは本だ。たいていの本は、図書館に行けば読める。ただ、私はなるべく図書館を利用せず、本は本屋や古本屋で一度に二〇〜三〇冊と大量に買い込んで、部屋に置いておくことにしている。

なぜなら、何か思いついたときにその場ですぐ調べられなければ、そこで気持ちが削がれてしまうからだ。エジソンルールの実践だ。やはり仕事はホットなうちに片付けるべきなのだ。

手元に本を置いておくメリットは、他にもある。図書館で借りた本に線は引けないが、自分で買った本なら好き勝手に線を引くことができる。私は三色ボールペンで重要な個所にラインを引くので、一度読んだ本を二度目に読むとき、一〇分の一の時間もかからない。道具を手元に置いておくと、たんに待ち時間が減るだけでなく、道具の使い勝手が良くなってスピードが上がるという効果もある。

みなさんはどうだろうか。面白いアイデアが浮かび、さっそく企画書や提案書の作成に取り掛かったとしても、「あの資料はどこにある？」、「この資料のどのグラフを引用すればいいんだっけ？」と言って、そのたびに作業を中断することはないだろうか。しかし、それでは思考も断続的になって、仕事もはかどらないはずだ。

せっかくやる気になっているのに、道具に足を引っ張られるのはもったいない。仕事を一気に片付けるためには、エジソンのように道具を手元に置くことが意外に重要な意味を持つのである。

ルール8　複数の仕事を同時並行させる

ウェストオレンジに新しい研究所を建設する直前、エジソンは重い胸膜炎《きょうまくえん》を患《わずら》い、しばらくフロリダで静養していたことがある。しかし、静養先でもエジソンの頭脳は回転を続けていた。地元の新聞記者に、「静養のため発明は当分差し控えるのか」と質問され、次のように答えている。

「とんでもない。私はもっと働こうと思ってここへ来たのです。私の静養生活とやらを話しましょうか。現在のところ六つないし七つの構想を同時に練っているところです。一つのアイディアを考えることに疲れたら、別のアイディアに移るといったように対象を変えていくので、絶えず新鮮で楽しい研究生活を送れるのです」(『エジソン』)

病気療養中にも発明に没頭するタフさには頭が下がるが、ここで注目したいのは、エジソンの思考法だ。同時に複数の構想を練るエジソンに、記者は「混乱しないのか」と続けて質問した。すると、エジソンはこう答えた。

「まったくその心配はありませんね。それどころか**一つの構想を練っている最中に、他の構想に役立つアイディアが偶然生まれることも多いのです**」(『エジソン』)

同時に複数のテーマを考えると、思考が分散されて効率が落ちるように思える。しかし、エジソンは**あえて複数のテーマを同時並行させることで、アイデアの相乗効果を狙ったのだ。**

あるテーマで、常識的に考えられる原理や材料を使って実験を続けたものの、結果が出なかったとしよう。一つのテーマしか追っていないと、普通はそこで行き詰る。常識外の発想をしようと思っても、ヒントになるものがないからだ。

しかし、別のテーマを同時並行で進めていれば、「こちらで使った原理はあちらに応用できないか」という発想が浮かんでくる。こうした視点は、多ければ多いほどいい。エジソンはそれを狙って、複数のテーマを同時に抱えるというルールを意図的に実践していた。

そもそも発想というものは、既存のものや考え方の組み合わせに過ぎない。斬新《ざんしん》と評価される発想も、元をたどれば組み合わせが異質であるだけだ。

ただし、視野の狭い人に、異質なものを組み合わせる発想は浮かばない。そこで重要になるのが**仕事の複線化**だ。

たとえば新商品の企画を練りながら、既存商品のテコ入れ策を考えるのもいい。さらに異業種のレポートを作ったり、まったく関係のない社内のイベントを企画するうちに、何かのヒントが得られるかもしれない。

ビジネスの現場では、実際に数多くの案件を抱えて忙殺されている人も多いだろう。そこで上司から新たな案件を割り当てられると、「勘弁してくれ」と考えるのが普通の感覚だ。しかし、アイデアを深めるという意味で、複数案件を同時に抱えるのは大きなアドバンテージになる。新たな案件が発生したら、それはむしろ喜ぶべきことである。

アイデアと仕事の数はイメージとしては、$y=x^2$の二次曲線の関係にあると考えていい。一つの仕事しかしていないと、アイデアも一つ。しかし、仕事が一〇に増えれば、アイデアは一気に一〇の二乗で一〇〇に増える。仕事が二〇ならアイデアは四〇〇だ。仕事が一つ増えるたびに、アイデアは雪だるま式に増えていく。そう考えれば、目の前に積み重なった数多くの仕事にも前向きに取り組めると思うが、いかがだろうか。

ルール9 常識を打ち破るために常識を知る

エジソンは電気のエキスパートであり、その後も一九三一年に亡くなるまで、電気を使ったさまざまな発明品を生み出した。そのアイデアの斬新さはだれもが認めるところだが、実はエジソン自身が電気関係の原理や法則を新たに生み出したわけではない。

すでに解説したとおり、エジソンはファラデーに私淑していた。若いころに古本屋で手に入れたファラデーの著書を何度も読み込み、自身の発明の参考にしていた。その本から電気に関する知識を拝借して、独自の発明へと発想を広げていったのだ。

参考にしていたのは、ファラデーの著書だけではない。ウェストオレンジの研究所の図書室には、世界中で発行される技術雑誌など、約一〇万冊の蔵書があった。またエジソンは、毎朝、最新の技術雑誌や新聞に目を通してから仕事に取り掛かる習慣を持っていた。これらの大量の技術情報の中から必要なものをすくい上げて再利用する、いわば知識の借り上手だったのだ。

新しいものを生み出すときに他人の知識を借りるのは、オリジナリティに欠けると考える人もいるかもしれない。しかし、これは学者の世界では当たり前のように行われている発想法である。

学者は論文を書くとき、白紙の状態から、いきなり自分のアイデアを展開するようなことはしない。まず膨大な資料を精読して、先人の研究によってどこがすでにクリアになっているのか、逆に穴はどこなのかを隈《くま》なくチェックする。

先行研究のチェックを徹底的に行ったうえで、先人の知識にアレンジを加えて新しい価値を生み出していく。これが論文の基本作法である。

先行研究は、まず頭の中に地図を書く行為だととらえてもらえればいい。地図を持たずに森に入ると、目的地にたどり着く確率は低くなる。しかし、先人の知識という道しるべがあれば、少なくとも途中までは道に迷わなくて済む。

その道しるべが途切れていたとき、あるいは間違っていたことがわかったときからがオリジナリティの勝負だ。

エジソンは部下が壁にぶち当たっていたとき、次のようにアドバイスした。

「君は道理に適《かな》ったことばかりを試してきた。理屈どおりのことなど役に立ったためしがない。幸い君はもう理屈に適うことを思いつかないわけだろ。だったら、今度は筋の通らないことを試してみることだ。そうすればすぐに解決法が見えてくる」（『エジソン』）

このアドバイスは、過去の理屈には価値がないと言っているように聞こえるかもしれない。しかし、従来の常識を否定した発想ができるのも、ベースとなる先行研究をやりつくしたからこそである。**常識を打ち破る発想をするためには、まず常識を知ることが大切なのだ。**

一九九三年に青色発光ダイオードを開発した中村修二さんも、道理に合わない方法で偉業を成し遂げた科学者だった。

一九八〇年代、世界中の科学者たちは青色発光ダイオードの材料にセレン化亜鉛を用いていた。ただ、試作レベルでは成功するものの、製品化するには課題が多く、研究はなかなか進んでいなかった。まさに隘路《あいろ》にはまっていたわけだ。

そこで中村さんが材料として目をつけたのは、科学者の間では材料として不適格とされていた窒化《ちっか》ガリウムだった。当時、学会での研究発表はセレン化亜鉛に関するものがほとんどで、窒化ガリウムの研究はごくわずか。しかし、中村さんはみなが進まない道をあえて選ん

手回し式
地図描き機を
モノにしました・・・

だ。そこで試行錯誤を続けた結果、青色発光ダイオードの製造方法にたどり着いた。

何も直感で窒化ガリウムを選んだわけではない。セレン化亜鉛を選んだ世界中の科学者たちが行き詰っているのをよく知っていたからこそ、中村さんは別のところに活路があると確信したのである。

これは一般の仕事も同じだろう。新しい企画や提案を生み出せずに悩んでいるなら、もう一度、過去の企画や提案をおさらいしてみよう。以前のアイデアが応用できると判断すればさらに手を加えればいいし、やはり使えないと判断するなら、別の道を模索すればいい。いずれにしても、そこにはきっと、凝り固まった頭をブレイクスルーさせるヒントが隠れているはずだ。

以上のように、はかりしれないほどの業績を残したエジソンだが、彼の仕事のルールは私たちでも実践することができるものだといえる。彼自身が言ったように、「賢い人間が死にものぐるいになって頑張り通せば、だれだって俺と同じ実績を残せる」のだ。ただし、ただやみくもに努力すればいいわけではない。先人から仕事のルールを盗み、正しい努力を続けた人が、価値ある業績を残すことができるのだ。発明王エジソンのルールを、是非実践してみてほしい。

エジソンルール

EDISON RULES

- □ ❶時空を超えて偉人に私淑する
- □ ❷思いつきは、その場でメモに残す
- □ ❸運を信じない
- □ ❹目標を豪語する
- □ ❺形になるまで作業の手を止めない
- □ ❻血管を圧迫しない衣服を着る
- □ ❼道具はいつも手元に置いておく
- □ ❽複数の仕事を同時並行させる
- □ ❾常識を打ち破るために常識を知る

※チェックシートとしてご活用ください。

第2章

カーネギールール

CARNEGIE RULES

写真提供：共同通信社

アンドリュー・カーネギー

1835年、スコットランドの貧しい織物職人の子として生まれる。1848年、家族とともにアメリカのピッツバーグに移住。13歳のとき、糸巻き工場で働きはじめ、その後、電信技手、ペンシルヴェニア鉄道監督などとして懸命に働く。1863年、28歳でキーストン鉄橋会社を設立。1881年、46歳でアメリカ最大の鉄鋼会社を設立し、「世界の鉄鋼王」となる。その後、ニューヨーク市にカーネギー・ホールを寄贈したのをはじめ、教育振興財団、国際平和基金、カーネギーメロン大学などを設立。福祉事業にもてる資産を投じ、慈善事業家として第二の人生を送った。1919年、84歳で死去。

ルール1 自国に誇りを持つ

ニューヨークの「カーネギー・ホール」は、世界でもっとも有名なコンサート・ホールの一つである。そのカーネギー・ホールをはじめ、ノーベル賞受賞者を多数輩出《はいしゅつ》する「カーネギーメロン大学」や、のちの国際司法裁判所となる「平和宮殿」の建設に私財を投じた人物が、実はスコットランドの貧困家庭の出身だといったら驚くだろうか。

一九世紀の実業家アンドリュー・カーネギー（一八三五〜一九一九）は、貧困家庭から世界の鉄鋼王へと、人類史上に残るステップアップを成し遂げた人物だ。その立志伝には、ステップアップを志す人のためのさまざまなヒントが隠されているはずだ。

まずカーネギーの少年時代を振り返ってみよう。カーネギーは一八三五年に、スコットランドのダンファームリン町に生まれた。父親は働き者の手織工だったが、稼ぎは少なく、一家は厳しい生活を強《し》いられていた。

少年時代、忙しく働く父に代わってカーネギーの遊び相手を務めていたのは、叔父のラウォダーだ。ラウォダーは、スコットランドの歴史をよく読み聞かせた。とくにカーネギーが好きだったのは、一三世紀に英国王に反抗して独立のために戦ったウォーレスの英雄伝だ。かつての英雄の勇敢な戦いっぷりに少年は心を躍らせ、同時にスコットランド人としての誇りを育《はぐく》んでいった。

こうした英雄伝は、カーネギーに勇気を与えた。叔父の家からの帰り道は、途中で暗い道と明るい道に分岐していたが、叔父がからかって「どちらから帰るか」と尋ねると、カーネギーはいつも「ウォーレスならどうするか」と自分に問いかけ、決まって暗い道を選んでいたという。

じつに少年らしいエピソードだが、カーネギーは大人になっても、「祖国の英雄ならどうするのか」という問いかけを自らに投げかけ続けた。スコットランド人として誇れる行いなのかどうか。それが行動の基準になっていたのだ。

祖国愛や郷土愛に限らず、団体やチームへの**帰属意識は、困難に立ち向かうときの大きな力になる。**たとえば自分一人では躊躇《ちゅうちょ》してしまうような問題も、「この会社の一員として堂々と行動すべきだ」と思うと、前に一歩進む勇気が湧《わ》いてくる。

帰属意識は、逆に行動にブレーキをかけてくれる場合もある。まわりが見えずに暴走しそうなときや、何か誘惑にかられそうになったときなど、「日本人として恥ずかしくないのか」、

「母校の名誉を汚す行為なのではないか」と考えて、決定的な過ちを犯さずに済んだ経験のある人も多いはずだ。

どちらにしても、共同体への帰属意識は自分を律する行動規範になりうる。大事なところで優柔不断だったり欲望に流されがちな人は、つねに心の中に「自分は何者なのか」という問いかけを用意しておくといいだろう。

誤解のないように付け加えておくと、カーネギーは決して偏狭《へんきょう》なナショナリストではなかった。のちに自伝にこう書いている。

「忠誠なスコットランド人は、後年、少年時代にもっていた自国の評価と、世界の大国の中にあってのその地位を引き下げる必要は少しもない。しかし、他国に対してこの自分の評価は改める必要がある。なぜなら、どんな国でも誇るに足るものをたくさんもっているからで、自分たちの子供にこのような刺激をあたえ、各自が自分の生まれた国の名誉を汚さないために、自分の最善をつくすという心構えを養うことが重要なのである」（『カーネギー自伝』／アンドリュー・カーネギー著・坂西志保訳／中公文庫）

つまりカーネギーは、スコットランド人ならスコットランド人、日本人なら日本人というように、それぞれが自国に誇りを持って互いを尊重し、それに恥じない行いをすべき、と考えていたわけだ。

カーネギーはのちにアメリカに移住することになるが、こうした態度が移民の国アメリカで彼を成功に導いた要因の一つになっていたことは想像に難《かた》くない。国際舞台で活躍する日本のビジネスマンも、カーネギーのように、過剰ではなく、それでいて確固とした母国や郷土への思いを胸に秘めていてほしいものである。

ルール2　暗誦で記憶力を鍛える

少年時代の話に戻ろう。叔父から中世の英雄詩を教わったカーネギーは、スコットランド人としての誇りだけでなく、もう一つ、大事なものを手に入れた。それは記憶力だ。

叔父はカーネギーと従兄弟に英雄詩を朗吟《ろうぎん》させて、お小遣いを与えた。

「シャツと半ズボンを着て、袖をまくりあげ、顔に化粧して、紙のかぶとを被り、剣のかわりに木片を腰に差し、私たち二人は学友を集め、また時には大人の前で、勇ましい中世の英雄詩を朗吟するのにいそがしかった」（『カーネギー自伝』）

というから、けっこう本格的だ。

では、なぜ叔父は少年たちに朗吟させたのか。カーネギーは、朗吟は教育の一環だったと語っている。

「叔父のこのような教育方針にしたがって、私の記憶力はたいへんに強化された。この方法は若い人たちを訓練する最もよい手段で、自分の好きな詩を暗誦《あんしょう》させ、それをたびたび人の前で語らせることである。私は自分が好きだと思ったものであったら、すぐに暗誦してしまうので、この速さが私の友人たちを驚かせたのである」(『カーネギー自伝』)

私もこの叔父の教育方針には大賛成だ。

実は暗記力は、学力とあまり関係ない。暗記は技術であり、練習すれば技が磨かれ、記憶力も向上していくのだ。

たとえばはじめて英単語を覚えたときのことを思い出してほしい。おそらく最初の一〇〇語前後までは、慣れない響きとスペルに悪戦苦闘したことだろう。しかし、最初の一〇〇語をクリアすると、次の一〇〇語は最初の一〇〇語より簡単に覚えることができたのではないだろうか。それは英単語を覚える技が身についたからである。

私の知る小学校では、教科書の一〇ページ前後の読み物を、クラス全員が暗誦していた。もちろんクラスの中にはいわゆる学力差はあるはずだ。それでも全員が暗誦できるのは、暗記に特別な能力は必要なく、記憶力は訓練によって育まれることの証左ではないかと思う。

このように暗誦には記憶力を鍛える効果があるが、**題材として英雄詩を選んだことにも注目したい。**「好きこそものの上手なれ」というが、少年が心を躍らせるような文章であれば、暗誦に伴うある種の退屈さも解消される。

成功には「野心の力」が必要だ。英雄の話は、幼い心に野心の種をまく。カーネギーの叔父が英雄詩を朗吟させたのは、まさに慧眼《けいがん》だったといえる。

記憶力と精神を鍛えたいなら、文章を暗誦することだ。できれば題材は、無味乾燥の情報だけが羅列された文章ではなく、何か自分に訴えかけてくるような文章がいい。たとえばお気に入りの詩集を探して、ソラで言えるほどに読み込んでみよう。それがきっとあなたの記憶力強化の助けになるはずだ。

ルール３　ありふれた経験の「本質」をつかむ

カーネギーは子供のころ、家でウサギやハトを飼っていた。エサになるタンポポやクローバーは、近所の遊び仲間たちが一生懸命になって集めてくれた。そのお礼として、子ウサギが生まれたら、友達の名前をつけることを約束した。どこにでもある幼少時代の微笑《ほほえ》ましい思い出だ。

ただ、カーネギーにとって、この経験は楽しい思い出以上の意味があった。この経験は「実業界への最初の試み」（『カーネギー自伝』）であり、自分は雇い主で、エサを集めてくるのは労働、子ウサギの命名権はその報酬ととらえていたのだ。

自らの経験を「最初の〇〇」としてとらえられるのは、物事の本質を理解しているからこそできる芸当だ。

カーネギーは、金銭の授受がないにもかかわらず、エサを探してもらうかわりに命名権を与えるという仲間との関係が、資本家と労働者の関係と同じであることに気づいた。この気づきは大きい。本質を理解すれば、どこにでもあるようなささいな経験も、かけがえのない財産となって後々まで活用できるようになるからだ。

このときの経験が役に立ったことを、カーネギーは次のように明かしている。

「この計画の思い出は、私のうちにあった組織力の最初の現われで、これを発展させていったのが後年、私の物質的な成功にかかっていたと見て、私は大切にしているのである」（『カーネギー自伝』）

私たちが普段経験するありふれた出来事の中にも、物事の本質が潜《ひそ》んでいることがある。それに気がつけば、新しい事態に直面したときにも慌てずにすむ。一見複雑で未知の事態に見えても、「よく考えると、表層が変わっただけで、根っこはあのときと同じではないか」とわかるからだ。

一方、同じ体験をしていても、本質を見抜いて次に活かせない人は、目新しい事態に直面すると、その表層に惑わされて、いつもゼロからスタートすることになる。それが決断や行動の遅れにつながることはいうまでもない。

ちなみに私にも大切にしている最初の経験がある。

高校生のころ、クラスに〝ダボ〟というアダナの友人がいた。ダボの天然の勘違いはプロの漫才師顔負けの面白さで、いつも周囲を笑わせていた。あまりに面白いので、私は『ダボ語録』を友人と印刷して、一冊一〇〇円でクラスで売り出した。すると、それがバカ売れ。ダボにたっぷりと印税を払い、残りはみんなで焼きそば屋にいって豪遊した。私もダボも友達も、みんながハッピーになれた楽しい思い出だ。

実は私にとって、これが「最初の出版企画」になった。その意識があるからこそ、現在も「みんなを喜ばせる本を書きたい」という芯からブレることなく、執筆活動を続けられている。『ダボ語録』の思い出は、たんなる青春のひとコマではなく、いまの自分を支える大事な経験の一つなのだ。

ビジネスマンが日々経験する出来事の中にも、おそらく物事の本質が隠れているケースがあるだろう。たとえば上司との会話の中に組織の本質が隠れていたり、顧客からのクレーム対応の中に、サービスの本質が潜んでいるかもしれない。それに気づくかどうかで、その後の仕事のやりやすさは大きく変わるだろう。

ルール4 代理のチャンスを活かす

スコットランドでの生活は厳しさを増していき、カーネギーは一三歳のときアメリカに移住する。しかし、カーネギーは貧困のため学校に通うことはできず、家計を助けるために糸巻き工場で働き始めた。仕事の内容は、小型の蒸気機関を操作して、工場の地下にあった釜の火たきをすることだった。

このときの賃金は週二ドル。ここから世界有数のミリオネアへとステップアップしていくわけだが、カーネギーはいかにして出世の階段を駆け上っていったのか。注目したいのは、

「代理」というキーワードだ。

カーネギーが薄暗い機関室から脱出できたきっかけは、雇い主の代筆だった。ある日、雇い主が請求書を作ろうとしたが、彼は字が下手だったので、試しにカーネギーに字を書かせてみた。それがあまりに上手だったため、以後、機関室ではなく事務の仕事を任せるようになった。まさに**代理を糸口にして、自分の仕事をステップアップさせたのだ。**

その後、カーネギーは知人の紹介で電信局に電報配達夫として採用される。少し話は逸《そ》れるが、ここで彼は得意の暗誦を活用して仕事を覚えていったことを記しておこう。

「しかし、一つ心配なことがあった。それは電報を配達しなければならないたくさんの商社の住所を速く憶えられないのではないかということであった。であるから、私はまず通りの片側の看板や標札を手帳に書きつけ、つぎに反対側のを書きとめた。夜、たくさんの商社を順ぐりに正しく口に出して読みあげ、暗誦するのであった」（『カーネギー自伝』）

こうしてカーネギーは、馴染《なじ》みのない土地でも電報配達の仕事をテキパキとこなした。スコットランド時代に暗誦の習慣をつけさせた叔父の教育は、ここでも活かされたわけだ。

さて、話を「代理」に戻そう。

順調に電報配達の仕事をこなしていたカーネギーに、チャンスが訪れる。ある朝、通信技手の出勤前に電信室の掃除をしていると、他局から至急、死亡通知の電信を送りたいという呼び掛けが入った。本来、一介の配達夫が他局からの呼び掛けに応えることはない。しかし、カーネギーは難なく電信を受け取り、通信技手の代役をこなした。

ただし、これは危険な賭けだった。勝手に代理を務め、もし失敗してしまったら、出世どころか解雇の恐れさえある。にもかかわらず代理を買って出たのは、成功させる自信があったからだ。

実はカーネギーは毎朝、技手の出勤前に、同じような立場にいる他局の少年と電信機の練習を繰り返していた。いつ代理のチャンスがめぐってきても対応できるような準備をしていたからこそ、突然の代理にもチャレンジできたのだ。**これが「代理力」だ。**

「代理チャンス」をつかめるかどうかは、普段からの準備に大きく左右される。演劇の世界では、主役が突然の怪我や病気で降板することがある。そのとき代役として主役の座を射止めるのは、華のある役者ではなく、主役のセリフがすでに頭に入っている役者だ。

これはビジネスでも同じだ。上司に急用ができて、代わりに会議に出席させる部下を探していたとしよう。そのとき普段から上司の仕事ぶりを観察して自分のものにしていれば、躊躇することなく手をあげられる。いざチャンスがめぐってきたとき、「自分の仕事ではないので何もわかりません」というのでは、「代理チャンス」はつかめない。

電信機を扱う技量があることを自ら証明したカーネギーは、以後、技手が部屋を空けるたびに代理を任されるようになった。このときの感想も、じつにカーネギーらしい。

「このころ局にいた通信技手は怠けもので、なにかというと自分の仕事を私にまかせて自分はのんびりとかまえているので、私はほんとうに運がよかった」（『カーネギー自伝』）

上司がサボって自分の負担が増えたら、普通は文句の一つでも言いたくなるものだ。実際、手抜き上司の尻拭《しりぬぐ》いをさせられて、辟易《へきえき》している人も多いに違いない。しかし、その状況をネガティブにとらえて、機械的に仕事をこなしているだけでは、そこから何も学ぶことはできない。

カーネギーは、「代理力」についてこう書いている。

「なにか新しいことを学ぶ機会があるなら、それをとらえて逃さず、自分の知識を試してみるということは大切である」（『カーネギー自伝』）

代理は、ワンランク上の仕事を学び、自分を磨くための絶好のチャンスである。上司が仕事をサボったら、むしろ歓迎するくらいの気持ちでちょうど良いのだ。

おかげさまで
いい上司に
恵まれてます
ZZZZz..

ルール5　喜んでタダ働きする

カーネギーは出世に貪欲《どんよく》だったが、けっして金の亡者だったわけではない。実はその差が、代理のチャンスをものにできるかどうかの分かれ目になる。

カーネギーは電信局から鉄道会社に引き抜かれ、そこでも代理をきっかけに頭角を現していく。管区で事故が発生してダイヤが混乱したとき、一介の通信技手に過ぎなかったカーネギーは、監督の名前で指令を出して事態を収拾してみせた。こうした働きが認められ、二四歳にして早くも管区のトップに推薦された。その打診を受けたとき、上司からいくら欲しいかと尋ねられて、次のように即答している。

「俸給がなんだといわれるんですか。そんなものはいりません。私はその地位が欲しいんです」（『カーネギー自伝』）

お金より名誉という姿勢を鮮明に打ち出したことで、上司からさらに強い信頼を得て、昇格は決定的になった。もしここで自分の給料にこだわっていたら、交渉が決裂し、一生、代理の肩書が取れない可能性もあっただろう。

極論かもしれないが、私はお金に困っている人ほど、タダ働きをするべきだと考えている。**お金にならないことを積極的に買って出れば、相手はそこにやる気を見出して大役に抜擢《ばってき》してくれたり、次はお金になる仕事を与えてくれるものだ。**やや遠回りになるが、そのほうが結果的に多くの収入に結びつくことが多い。

カーネギー自身、「お金は二の次」というスタンスを貫いて成功したが、その考えは世界の鉄鋼王となったあとも変わらず、進んでタダ働きする若者を好んで登用した。

あるとき若い事務員が、だれに頼まれたわけでもないのに、原価計算制度についての報告書を作成してきたことがあった。カーネギーはこの行為と報告書の出来に感心して、若い事務員をすぐに主任に抜擢。彼はのちに取締役となり、百万長者の仲間入りを果たした。カーネギーは、**お金より仕事そのものを愛せる人材のほうが、大きな仕事を成し遂げられること**を知っていたのだ。

毎月給料をもらっているサラリーマンでも、タダ働きのチャンスは身の回りにたくさん転がっている。頼まれていない雑用仕事を引き受けたり、自分の仕事の範囲を超えて企画を提案してみるのもいい。いずれにしてもそれが上司の目に留まれば、ステップアップのチャンスがグッと近づいてくるに違いない。

ルール6 トラブルは相手に有利になるように解釈する

ビジネスは食うか食われるかのシビアな世界だから、相手をうまく出し抜いたほうが勝ち。成果主義を間違って解釈しているのか、最近はそんな考え方を持つビジネスマンが増えているような気がしてならない。

しかし、それが弱肉強食の世界で成功する秘訣だと思ったら大間違いだ。カーネギーは資本主義経済が発達しつつあった一九世紀のアメリカで大成功を収めたが、彼が何より大切にしていたのは「誠実さ」と「信用」だった。

当時のアメリカでは、鉄道網の発達に伴って数多くの橋梁《きょうりょう》会社が誕生した。カーネギーも鉄橋の需要を見据《みす》えて、鉄道会社から独立して橋梁会社を立ち上げた一人だ。

橋梁会社間の競争は熾烈《しれつ》を極めたが、成功する自信はあった。というのも、目先の利益にとらわれず、質の高い仕事を地道に続けていれば、いつかそれが信用に変わることを知っていたからだ。

橋梁会社が架けた鉄橋には、検査官のチェックが入ることになっている。そこでダメ出しをされたら、会社は大きな損害を被る。そのため多くの会社は、手を変え品を変え、検査の目をかいくぐろうとした。大会社の中には「検査官を追い返したら、もう二度とこなかった」と自慢げに語る社長もいたくらいで、当時、検査官が橋梁会社の敵だったのだ。

ところが、カーネギーは検査官の目をあざむこうとはしなかった。むしろ検査官に包み隠さず正直に見せることで、橋梁の品質向上を目指したのだ。

「製作会社は、検査官をけむたがるかわりに、歓迎すべきである。最高の標準に到達するのはそんなにむずかしいことではない。人間はそのような努力で教えられ、鍛えられるのである。私は長い一生のうちに、**よい正直な仕事をしない会社が成功したのを見たことがない**」（『カーネギー自伝』）

この予言どおり、検査官を追い返した大会社はしばらくして倒産した。一方、カーネギーが製作した鉄橋はけっして落ちないと評判が広まり、会社は順調に成長していった。ウサギとカメの昔話にたとえるなら、愚直に歩き続けたカメが、手を抜いても勝てると油断していたウサギを追い抜いたのである。

いったん築きあげられた信用は、競争社会において大きな武器になる。当時もっとも大きな鉄橋の橋梁工事の入札で、カーネギーの会社は他の会社より高い金額を入札した。普通な

わたしは
堅い歩みの男と
言われています

ら、より安い価格を入札した会社が落札するはずだ。しかし、橋の建設会社の社長は、カーネギーと契約を結んだ。安くても壊れる可能性のある橋梁よりも、高くても信用のある橋梁を選んだわけだ。

では、いったいどうすればまわりから信用を得られるのか。真摯《しんし》に仕事に取り組むことはもちろんだが、カーネギーは二つの興味深いルールを自分に課していた。

一つは、「トラブルは相手に有利になるように解釈する」というルールだ。

たとえば取引先から、言いがかりに近いクレームをつけられたとしよう。普通は、こちらの非をヘタに認めると余計につけ込まれると考え、自社を守るべく主張を展開する。

しかし、カーネギーはあえて相手に有利に解釈した。その結果、カーネギーの会社は一度も訴訟問題を起こさなかったのである。何かというとすぐ裁判沙汰になる訴訟社会のアメリカで、これは異例のことだろう。

ルール7 できないことは、きちんと断る

もう一つは、「自分のキャパシティを超えることは、きちんと断る」というルールである。

一八〇〇年代後半のアメリカでは、西部との物流が活発に行われ、経済が急速に成長した。そして、カーネギーと同じように成功を夢見ながらも、志なかばで挫折した起業家も大勢いた。そのような人たちとカーネギーとの違いは、この「きちんと断る」というルールを自分に律していたかどうかにあったのではないだろうか。

カーネギーはどんなに儲《もう》かる建設依頼も、自分たちの力量では難しいと判断すれば、きっぱりと断った。一度でも橋が崩れてしまったら、いくら口で「ぜったいに落ちない」と力説したところで信用は取り戻せない。それを避けるため、目先の利益に惑わされて無理な受注をしないよう自分を戒めていたのだ。

この考え方は、私たちにも大いに参考になるだろう。上司や顧客に期待されると、無理な仕事でもつい引き受けたくなるのがビジネスマンの心理である。たしかに引き受けたときは、一時的に評価は上がるだろう。しかし、無理なものはやはり無理で、結局は期待を裏切ってしまうことになる。そのとき相手が抱く失望感は、依頼を断ったときよりもはるかに大きいはずだ。

もちろん「できないことは、きちんと断る」というルールは、「一度引き受けたものは絶対にやり遂げる」というルールの裏返しであることを忘れてはいけない。その点では非常に厳しいが、だからこそ信用を勝ち取れるのだ。

また、カーネギーはこのルールを対外的な信用を得るためだけに守っていたのではない。実はこれはリスクを回避して、事業を堅実に成長させるためのルールでもあったのだ。

順風が吹いていれば、さらに勝負を仕掛けて儲けたくなるのが普通のビジネスマンの心理である。ところが、西部開拓でみんなが浮かれていたときも、カーネギーは慎重な姿勢を崩さなかった。

鉄橋会社から発展して製鉄業で成功を収めたカーネギーは、かつての恩人から、新しい鉄道事業債券の保証を依頼されたことがあった。鉄道事業は当時のブームで、当たれば利益も大きい。しかも恩人からの頼みとなれば、普通は心も揺れる。

しかし、カーネギーはこの提案をきっぱりと断った。

「私は、自分が全責任を負って払うことができないものに署名しないという方針にどこまでも忠実であるのをのべ、また、西部開拓者の一人である私の友人が語ったことばを告げた。『**渡ることのできないところへ入っていってはいけない**』というのである。今度の河は、私にとってあまり深すぎたのである」(『カーネギー自伝』)

このようにカーネギーは「**自分のキャパシティを超える勝負はしない**」という原則を頑《かたくな》に

こりゃ
深すぎるわ…

守った。負けない戦略をどこまでも貫いた結果、ライバルたちが脱落していくのを横目に、事業を着実に成長させていったのである。

ここで私たちが見習うべきことがもう一つある。それは、よくあるルールをうまく言語化して自分のものにする**「ことわざ力」**だ。

リスクの高い勝負を避けろというルールは、だれでも頭では理解できるだろう。西部開拓時代のビジネスマンも、おそらくこうしたルールを頭の片隅に置いていたはずだ。ところが多くの人は、目の前においしい儲け話をぶら下げられると、大切にすべきルールをたちまち忘れてしまう。

一方、カーネギーは同じ教訓を、「渡ることのできないところへ入っていってはいけない」ということわざで表現した。このような比喩的表現を使うと、河の深みにはまって溺《おぼ》れていく身体的イメージが喚起されて、ルールの示す意味が心にストンと落ちてくる。すぐに忘れてしまいそうなありきたりの教訓も、**ことわざ化・格言化することで、より実感を伴った自分への戒めへと進化させることができるのだ。**

幼いころからことわざや格言に親しんでいたカーネギーは、言いたいことをことわざ化して相手に伝えるのも得意だった。少年時代のある日、三マイル離れた海岸から父親に背負われて帰る途中、父親が重いと漏らした。父親はそれを聞いた息子が歩いてくれるものだと思ったが、カーネギーは次のように切り返した。
「ねえ、お父さん、忍耐と不屈の努力は人間をつくるんです。辛抱して下さい」（『カーネギー自伝』）
歩くのは辛《つら》いので嫌だという返答では、たんなるわがままとして受け止められるだけだが、このように格言めかしていえば、子供を歩かせようとする父親のほうが忍耐の足りない人間ということになり、立場が逆転する。ある意味では悪知恵といえなくもないが、年端のいかぬ子供がこれだけの知恵を働かせることができるのなら立派なもの。これも「ことわざ力」のなせる業だろう。
自分を戒めたり他人を説得するとき、ありきたりのフレーズでストレートに表現するだけではインパクトが弱く、自分や相手の心に響かないことが多い。たとえためになる内容でも、心に深く刻みつけられないのであれば、効果は半減だ。頭ではよくわかっているが実践できない、あるいは正論なのに相手に通じないという人は、ぜひことわざや格言を活用してみよう。

ルール8

時間、労力、財力を、一点に集中させる

カーネギーは、古いことわざのリサイクルも上手だった。英語圏には、次のような格言がある。

「一つの籠《かご》に手持ちの卵をみんな入れてはいけない」

これは、万が一、籠を落としても卵がすべて割れてしまわないように別々の籠に入れろ、つまりリスクは分散させろという意味だ。ビジネスでいえば、資本を分散させて多角化させろという教えになるだろう。

ところがカーネギーは、このことわざをアレンジして、本業の製鉄業だけに資本を集中させるという逆の方針を打ち出した。

「よい卵をみんな一つの籠に入れて、その籠から眼を離さない」(『カーネギー自伝』)

つまり、「事業を分散させるから注意力が散漫になり、籠を落としてしまう確率が高まる。むしろ一つにまとめたほうがリスクは低い」というわけだ。

一点集中という方針は、たんにリスク回避だけを意味するものではなかった。カーネギー

は、意識を一つに事業を集中させる効果を次のように語っている。

「私の所信によると、なにごとにもよらず**めざましい成功にいたる真の道は、自分でその道を完全に習得すること**である。精力をいろいろの分野に散らしてしまうのを、私は賢明だと思わない」（『カーネギー自伝』）

カーネギーはこの考え方を、時間や労力の面だけでなく、お金の面でも徹底していた。すでに説明したが、西部開拓時代はいたるところにビジネスのチャンスが転がっていた。その気になれば、儲け話はいくらでもあったわけだ。ところが、カーネギーは、儲け話があれば何でも手を出そうとする実業家を、

「私の知っている実業家の多くは、銀行株とか、自分の仕事とは縁遠い事業に投資し、ほんとうの金鉱は、自分の工場に横たわっているということを忘れているのである」（『カーネギー自伝』）

と批判して、自分の事業だけに積極的な投資を行った。

時間や労力、そして財力まで、自分の持つ資本をすべて一点に集中させる効果は大きい。紙を日光に当てても火はつかないが、レンズで太陽光線を集めると、一気に熱を帯びて燃え上がる。これと同じように、**自分の資本のすべてを一点に注げば、焦点化作用によって質的**

な変化が起き、資本投入の効果が何倍にも膨らむのである。

カーネギーは、こう説いている。

「若い人たちに私がいいたいことは、終生の仕事ときめた事業に時と注意を全部つぎ込むだけでなく、自分の資本の最後のドルまでつぎ込みなさい、ということである」（『カーネギー自伝』）

実際に「最後のドルまで」というレベルは難しいかもしれないが、少なくとも「ギリギリのところまで」という気概は欲しい。私の場合、資本投入先はおもに本だったが、お金のなかった学生のころから、月に五万円前後の額をつぎ込んでいた。エンゲル係数ならぬブック係数が突出し苦労したが、ギリギリまで本代を使ったおかげで、現在は当時つぎ込んだ資金をようやく回収できるレベルになった。

はたして、みなさんが最後のドルをつぎ込む対象は何だろうか。時間や労力を含めて自己投資をほとんどしないという人は、改めて自分の資本（時間・労力・お金）の使い道を考えてみよう。

ルール9 読書から得た知識を重視する

鉄鋼業で巨万の富を築いたカーネギーは、それを溜《た》め込むことを不名誉と考えて、後年は慈善活動に精を出した。先に紹介したカーネギー・ホールやカーネギーメロン大学、平和宮殿を作った他にも、二五〇〇万ドルの私財を投じてカーネギー財団を設立し、科学の研究発展に尽くしている。

これらの有名な慈善活動の陰に隠れて目立たないが、カーネギーは図書館の建設にも積極的だった。たとえばニューヨークに六八の公共図書館の分館を作ったり、ピッツバーグには図書館ばかりか、博物館や絵画陳列館まで寄贈している。

カーネギーが図書館の建設に熱心だったのは、父親の影響が大きい。カーネギーの父親は、スコットランド時代に仲間と一緒に本を集め、地元に移動図書館を作ったことがあり、カーネギーはそれを誇りに思っていた。

とはいえ、たんに父親の真似をしたかったわけではない。カーネギーは「自分の人生は書物を読むことで開けた」という思いを強く持っていた。だからこそ、読書のチャンスを若い人たちに与えるために図書館を建てたのである。

アメリカに移住してから家計を助けるために働いていたカーネギーは、当然、学校に通うことはできず、本を買うこともできなかった。**「本を手にせず私は生きることができない」**（『カーネギー自伝』）というカーネギーに、本のない暮らしは耐えがたいものであったろう。

しかし、あるときジェームス・アンダソン大佐という人物が、毎週土曜日、勤労少年向けに蔵書四〇〇冊を開放すると発表。友人の紹介で大佐の図書館に通うことができるようになり、生活は一変した。

「このようにして、私の牢獄の壁に窓が開かれ、知識の光が流れこんで来たのであった。毎日の労苦も、夜勤の長い時間でさえも、私がいつも肌身離さず持ち歩き、仕事のひまに一時でも盗んで読んでいた本のために、たいへん軽くなった。それに、土曜日が来ると、新しい本を一巻手に入れることができるのを考える時に、将来に光明を見出すのであった」（『カーネギー自伝』）

底辺の生活を強いられていたカーネギーにとって、本から学べる知識は光とも呼ぶべき尊い存在だったわけだ。

情報化された現代社会では、かつてカーネギーが感じたような高揚感は持てないのではないか、と考える人も多いだろう。たしかに世の中には情報が過剰なまでに溢《あふ》れており、食傷気味だという感覚もわからなくない。

しかし**本来、情報と知識は区別すべきものだ。**情報は耐久時間が短く、数カ月や数週間、場合によっては数日や数時間で鮮度が落ち、価値がなくなってしまう。一方、知識は時が経っても簡単に古びたりしない。一度身につけたら、その後も再利用できるのが知識の良さだ。

情報と知識はどちらも大切だが、頭に入れるたびに厚みが増し、人間力をより高めてくれるのは知識のほうだ。カーネギーはそれを知っていたからこそ、本から与えられる知識に光を見出したのである。

ところが現代人は、情報をインプットするのに忙しく、知識を軽視する傾向がある。これでは何を読んでも高揚感を得にくいし、情報が消費されるばかりであとには何も残らない。

知識と出合える本を読む習慣をつければ、人生は変わる。少なくともカーネギーはそう考えて、図書館を建てた。

「自分の若いころの経験に照して、私は、能力があり、それを伸ばそうとする野心をもった少年少女のためにお金でできる最もよいことは、一つのコミュニティに公共図書館を創設し、それを公共のものとして盛り立ててゆくことであると確信するようになった」（『カーネギー自伝』）

テレビやインターネットで最新情報をチェックするのもいい。しかし、一方で知識を身につけるための勉強を欠かしてはいけない。カーネギーが現代に生きていたら、きっとそう言うに違いない。

ルール10 どんな案件でも、一分以内に決断を下す

晩年のカーネギーは富を築く哲学を体系化しようと考え、その仕事を任せられる人物を探していた。

ある新聞記者がインタビューに訪れたとき、カーネギーは彼に、その仕事をやる意思があるかどうかを尋ねた。ただし、カーネギーが提示した条件は常識外れのものだった。インタビューする相手は五〇〇人。期間は二〇年間で、金銭的援助は一切なし。つまりタダ働きだ。その記者は一瞬躊躇したものの、思い切って「イエス」と答えた。

すると、カーネギーはポケットからストップウォッチを持ち出して、「二九秒だ」と告げた。

「君が答えを出すまでに二九秒かかった。私は一分を越えたら君を見込みのないただの人間としてあきらめるつもりだった。この種の決断というのは、一分以内に出せる人間でなければ、その後、何をやらせてもダメなものなんだよ」（『思考は現実化する』／ナポレオン・ヒル著・田中孝顕訳／きこ書房）

カーネギーは、相手がその仕事を任せるに足る人物なのかどうかを、返答のスピードで見分けていた。決断に時間をかけるような相手は信用に値しないと考えていたのだ。

ちなみに引用した本からもわかる通り、この記者は名をナポレオン・ヒルといい、この仕事を見事に成し遂げたのちに、世界的ベストセラーになった自己啓発書『思考は現実化する』を書きあげた。カーネギーが人を見抜くための判断基準は正しかったわけだ。

実はカーネギー自身も、**「即答力」**でチャンスをつかんできた人物だった。

電報配達夫時代、隣町の電報局の電信技手が二週間の休暇を取るため、代理の人物を探していた。上司から打診されると、カーネギーは間髪入れずに「やれる」と答えてチャンスをものにした。

鉄道会社に勤めていたころ、出張中に、発明家のウッドラフから寝台車の模型を見せられたときもそうだった。製品化の話を持ちかけられても、ただの職員には答えようがない。それでも「帰ったら上司に相談するから、その後で会社に来てほしい」と発明家に即答した。ウッドラフは快く応じて、後日、この寝台車は大成功を収めた。カーネギーが即答する人物を重用した背景には、自身のこうした経験があったのだ。

上司から重要な仕事を任せてもらえないという人は、自分の返答を一度見直してみよう。仕事を頼まれたとき、何かと理由をつけて結論を先送りしてはいないだろうか。あれこれ迷っている人は相手から信用されないし、大きなチャンスもめぐってこない。大切なのは迅速な意思決定だ。

極貧の幼少時代からステップアップし世界の鉄鋼王となったカーネギー。彼が実践したルールには、スコットランドの伝統への尊敬の念から生まれる「誇り高き気品」のようなものが感じられる。カーネギーの「ことわざ力」に倣《なら》って日本のことわざを引用すれば、「ボロは着てても心は錦」。たとえ不遇に苦しんでも、先人への尊敬の念や心の品位を失わなければ、いつかは道が開けるものなのだ。

カーネギールール
CARNEGIE RULES

- □ ❶自国に誇りを持つ
- □ ❷暗誦で記憶力を鍛える
- □ ❸ありふれた経験の「本質」をつかむ
- □ ❹代理のチャンスを活かす
- □ ❺喜んでタダ働きする
- □ ❻トラブルは相手に有利になるように解釈する
- □ ❼できないことは、きちんと断る
- □ ❽時間、労力、財力を、一点に集中させる
- □ ❾読書から得た知識を重視する
- □ ❿どんな案件でも、一分以内に決断を下す

第3章

渋沢栄一ルール

SHIBUSAWA RULES

写真提供：共同通信社

渋沢栄一

1840年、武蔵国《むさしのくに》（埼玉県深谷市）の大農家の長男として生まれる。青年期には尊王攘夷運動に加わったが、一橋慶喜の家臣に見出されて武士となる。1867年、慶喜の弟・昭武に随行して渡欧。そこで西欧の経済的発展を目の当たりにし、「商工立国」を志すようになる。翌1868年に帰国後、大隈重信の説得により明治新政府の大蔵省に入省するが、1873年、大久保利通らと財政運営で意見があわず退官。以後は実業界に身を置き、第一国立銀行（現・みずほ銀行）、東京ガス、東京海上火災保険、東京証券取引所、キリンビールなど、500以上の会社の設立にかかわる。社会活動にも熱心で、日本赤十字社、一橋大学、東京経済大学などの設立にも携わった。1931年、91歳で死去。

ルール1 手伝いの際に仕事の仕方を盗む

いつかは独立して自分の会社を持ちたい。そんな夢を持ちつつも、たった一つの会社を興《おこ》すことさえままならない現実に、歯がゆい思いをしている人もいるだろう。

ところが、世の中には私たちの想像をはるかに超えるすごい人物がいる。それが日本資本主義の父、渋沢栄一《しぶさわえいいち》（一八四〇～一九三一）だ。

渋沢は生涯で、五〇〇社余りの企業と、六〇〇余りの社会福祉関係事業の設立にかかわった。ざっと企業・団体名を挙げてみよう。

第一国立銀行（現・みずほ銀行）、東京海上火災保険、東京ガス、東洋紡績、サッポロビール、キリンビール、帝国ホテル、太平洋セメント、秩父鉄道、京阪電気鉄道、東京証券取引所、東京商工会議所……。

実業界ばかりではない。医療関係では日本赤十字社や東京慈恵会、教育関係では一橋大学、東京経済大学の設立にもかかわっている。まさに日本の資本主義は、渋沢が根付かせたようなもの。渋沢がいなければ、いまごろ日本は経済大国として大きな顔をしていられなかったはずだ。その意味で、私はお札の図柄にもっとも相応しい人物だとさえ思っている。

さて、この稀代《きたい》の実業家は、いったいどのようにして誕生したのだろうか。

渋沢が生まれたのは一八四〇年。幕末の志士たちと、ほぼ同年代になる。ただ、他の維新の立役者たちとは違い、渋沢は武蔵国《むさしのくに》（現在の埼玉県）の農家の生まれだった。

農家といっても、渋沢家は米や野菜を育てるだけでなく、藍玉《あいだま》の製造販売や養蚕業も営んでいた。現代風にいうなら、アグリビジネスを家族で営む中小企業といったところだろうか。

家業は順調だったようで、渋沢家は当時の一般的な農家に比べれば裕福であり、教育の水準も高かった。渋沢は数えで六歳のころから読書を教えられ、七歳のころには隣の村まで『史記』や四書五経、頼山陽《らいさんよう》の『日本外史』などの古典を習いにいった。本書で紹介する偉人の多くは読書の習慣を身につけているが、渋沢も例外ではなかった。

「丁度一二歳の正月、年始の廻礼《かいれい》に、本を読みながら歩行《ある》いて、不図《ふと》、溝《みぞ》の中へ落ちて、春着の衣装を大層汚して、大きに母親に叱られたことを覚えて居ます」（『渋沢栄一　雨夜譚／渋沢栄一自叙伝〔抄〕』／日本図書センター）

夢中になって溝に落ちてしまうくらいだから、けっして強制的に本を読まされていたわけではない。根っからの本好きだったのだ。

父親は読書にのめり込む息子に少々不安を感じたようで、早くから家業を手伝わせて、他の農家が育てている藍の買い付けに同行させた。

ここで注目したいのは、技を盗む力だ。

父親の留守中、渋沢は自ら志願して藍の買い付けに一人で出かけた。しかし、年端のいかぬ子供が買い付けにきても、相手の農家は簡単に信用してくれない。そこで選んだ作戦は、父親の口真似であった。

「併《しか》し自分はこれまで、幾度も父に随行して、藍の買入方を見て居たから、これは肥料がすくないとか、これは肥料が〆粕でないとか、或は乾燥が悪いからいけないとか、茎の切り方がわるいとか、下葉が枯って居るとか、丸で医者の病を診察するようなことを謂《い》うのを聞覚えて居て、口真似位は何んでもないゆえ、一々弁じた処が、人々が大きに驚いて、妙ナ子供が来たといって、却《かえ》って珍らしがって相手になったから、終《つい》に新野村ばかりで、都合二十一軒の藍を悉《ことごと》く買って仕舞《しま》った」(『渋沢栄一　雨夜譚/渋沢栄一自叙伝〔抄〕』)

渋沢はこのように専門家のような口をきいて相手を信用させ、見事に藍を買い付けて帰った。もちろん相手も藍生産のプロフェッショナルだから、口先だけでは信用してくれない。

渋沢は普段父親に同行しながら、商売の口上だけでなく、藍の目利きの技術まで盗んでいたのだ。

この姿勢は、ぜひ私たちも見習いたい。上司や先輩と一緒に仕事をするとき、「手伝わされている」という受け身の感覚で取り組むのはもったいない。**どうせ同じ時間を費やすのなら、何か一つでも身につけて帰るべきだ。**その積み重ねが、いざというとき自分を助けることになる。

かつてはどの分野でも、仕事は見て覚えるものだった。しかし、それでは一人前になるのに時間がかかるせいか、最近は手順がマニュアル化されて、だれでもそれを読めば最低限の仕事ができるようになった。ただ、仕事で本当に重要なのは、簡単にマニュアル化できない暗黙知の部分であり、それを習得できるビジネスマンが伸びていく。

暗黙知は言葉にして伝えづらいものなので、原則的にはデキる人の仕事ぶりを見て盗むしかない。そう考えると、上司や先輩の手伝いは、暗黙知を盗む絶好のチャンスだ。早く終わらないかと考えながら、嫌々手伝っている場合ではないのだ。

ルール2

怒りを義憤に変える

ときとして人は、怒りをモチベーションにして働くことがある。たとえば「同期からバカにされたから見返してやりたい」、「高学歴でなくても仕事ができるところを見せたい」、という思いで人一倍の努力を続けている人も多いはずだ。

ただ、怒りを糧《かて》にした働き方には注意が必要だ。怒りが個人的な問題であるかぎり、まわりからの共感は得られにくい。それではいくら怒りを燃料にして頑張ったところで、空回りするだけだ。

大人になった渋沢は攘夷《じょうい》思想に目覚めて倒幕を目論《もくろ》むが、その出発点になったのは、少年時代のある体験だった。

一七歳のころ、渋沢は父親の使いで代官の屋敷を訪れた。代官は通常の年貢を納めるだけでなく、自分にお金を用立てろと理不尽な要求をしてきた。断固として断ったが、「貴様は詰らぬ男だ、とヒドク代官に、叱られたり嘲弄《ちょうろう》されたりした」(『渋沢栄一　雨夜譚/渋沢栄一自叙伝〔抄〕』)という仕打ちを受ける。

この仕打ちに、渋沢は強烈な怒りを覚える。

「自分もこの先き今日のように百姓をして居ると、彼等のような、謂わば先《ま》ず虫螻《むし》蛄《けら》同様の、智恵分別もないものに軽蔑せられねばならぬ、さてさて残念千万なことである。これは何でも百姓は罷《や》めたい、余りといえば馬鹿々々敷《し》イ話しだ」（『渋沢栄一　雨夜譚／渋沢栄一自叙伝〔抄〕』）

しかし、この先が、たんにコンプレックスに取り憑かれただけの人とは一線を画すところである。渋沢は怒りの矛先を、代官への復讐《ふくしゅう》や自身の立身出世に向かわせたりしなかった。怒りを「義憤《ぎふん》」へと変えて、意味のない身分制度をなくして平和で豊かな国を作るという大きな目標へと昇華させたのだ。

同じような苦い体験をしても、怒りを個人的問題に収束させるか、それとも社会全体と結びつけて考えるかによって、周囲から得られる協力は大きく変わってくる。

二四歳のとき、渋沢は同志六九人と倒幕のための焼討《やきうち》計画を立てる。もしこれが個人的な復讐だったり、功名心から計画されたものだったとしたら、これほど多くの同志が集まっただろうか。おそらく答えはノーだ。豊かな世の中を作りたいという大義があったからこそ、まわりの共感を得たのである。

仕事をしていくうえで、腹立たしいことや悔しいことはいろいろあるだろう。それをバネとして頑張ることが、一概に悪いとはいえない。ただ、矮小《わいしょう》な動機にいつまでもこだわっているかぎり、そこから生み出される成果もたかが知れているのではないだろうか。

もし何かに憤《いきどお》りを感じたら、近視眼的にそれを解消させるのではなく、「社会（あるいは企業）を良くするためには、どうすればよいか」という視点でとらえ直してみる。それが大きな仕事を成し遂げるコツだ。

ルール3 強い思い入れがある企画も、冷静に検討する

ところで、攘夷に目覚めた渋沢と同志六九人は、いったいどのような焼討を計画したのだろうか。実はこれがとんでもない代物《しろもの》だった。

「その密議の一案というのは、即ち一挙に横浜を焼き撃ちして、外国人と見たら、片っ端から斬殺して仕舞うという戦略であった。併し横浜襲撃の前に先ず高崎の城を乗取って兵備を整えた上で、高崎から兵を繰り出して鎌倉街道を通って横浜へ出れば通行も容易である」

（『渋沢栄一　雨夜譚／渋沢栄一自叙伝〔抄〕』）

外国人を片っ端から殺すとは何とも物騒な計画だが、これには解説が必要だろう。一八六二年、生麦村《なまむぎ》（横浜市鶴見区）で薩摩藩士がイギリス人を殺傷する事件が起きた。これにより幕府はイギリス政府から賠償金を請求されて窮《きゅう》地《ち》に陥った。俗にいう生麦事件だ。渋沢たちの頭には、生麦事件があった。外国人が憎かったからではなく、幕府を追い込むため手段として外国人殺害を計画したのである。

そのためにまず城を乗っ取るというのだから無謀極まりないが、本人たちは、いたって大真面目。日本の将来を真剣に考えた末の行動だ。

決行前夜、同士が集まり、最後の話し合いの場を持った。渋沢はやる気満々だ。ところが、仲間から「ただの賊の一揆と見なされて、縛り首になるのがせいぜいだ」と反対され、会議は紛糾《ふんきゅう》する。夜を徹して議論を交わした結果、渋沢は考えを変えて、乗っ取りを断念。結局、計画は未遂に終わった。

このように勢いに流されがちな場面においても、冷静さを失わずに現実的な判断を下せるのが渋沢の真骨頂だろう。

もし破れかぶれに挙兵していたら、どうなっていただろうか。歴史に「もしも」はないが、渋沢たちはおそらく横浜にたどり着くどころか、高崎城を乗っ取る前に命を落としていたに違いない。
いくら志が立派でも、相手に打撃を与えることなく死んでしまえば、ただの犬死にだ。それは渋沢の合理主義的な考え方に反する行為だった。
「成程《なるほど》潔いという褒辞《ほうじ》は下るであろうけれども、世の中に対して少しも利益がない、仮令《たとえ》志ある人だといわれても、世の為めに効がなくば何もならぬ」（『渋沢栄一　雨夜譚／渋沢栄一自叙伝〔抄〕』）

渋沢は高い志を持ちながらも、決して合理的な判断を忘れることはなかった。リスクに見合うリターンはあるのか。潔さに酔って、得られる効果のことを見失ってはいないか。

つねにこの判断基準を胸に秘めて行動したからこそ、無駄に命を落とすことなく幕末を生き延び、のちに数々の偉業を成し遂げることができたのである。

合理的な判断は、ビジネスの基本中の基本だ。ただ、なかには合理的な根拠もなく物事を決めてしまう人もいる。

たとえば上司に提案した企画の根拠を追及されて、答えに窮したことはないだろうか。
「みんながいいというから」とか、「この企画に自信があるから」というのでは、とても合理的な判断とはいえない。**本人は合理的だと思い込んでいても、よく聞いてみると、実は場の**

空気に流されていたり、気分で決めているだけというケースが少なくない。

これではいくら動機が純粋であっても、企画は通らない。いわばビジネスマンとしての犬死にだ。強い思い入れがあるなら、なおのこと渋沢のように合理的に考えて、実利を取るべきだろう。

ルール４　議論を尽くす

では、どうすれば合理的な判断力を身につけることができるのか。

渋沢が意識していたのは、「論じ合う」ことだった。

高崎城の乗っ取りは、渋沢をはじめとした数人の独りよがりな計画だった。しかし、仲間と論じ合うことで別の角度から計画をシミュレーションして、実現の可能性が極めて低いという結論に達した。**渋沢にとって、議論は相手を負かすためでなく、客観的に問題を見つめ、徹底的にシミュレーションを繰り返すための手段だったのだ。**

実は渋沢は、焼討のために実家を飛び出すときにも、勘当されることを覚悟しつつ、父親と議論している。

「勿論《もちろん》自分は敢《あえ》て議論がましく無暗《むやみ》に父に反対して声高《こわだか》に討論した訳ではなく、只《ただ》淳々と論じて居る中に夜が明けた」(『渋沢栄一　雨夜譚／渋沢栄一自叙伝〔抄〕』)

どうせ勘当されるなら議論などせずに家を出ればいい、というのが普通の考え方かもしれない。しかし、渋沢は父親の意見にも耳を傾けて、家を出ることのメリット、デメリットを計算し、もっとも合理的な答えを導こうとした。最後には父親を納得させたうえで家を出たが、仮にデメリットが大きければ、自分の考えを引っ込めていたはずだ。

一般的に、日本人はディベートが苦手だといわれている。たしかに相手をやりこめるような討議は、欧米人に比べて得意ではないかもしれない。しかし、お互いが納得するまで、詳細まで突き詰めて論じ合うという習慣は昔からあった。

民俗学者宮本常一《みやもとつねいち》が日本各地の民間伝承を調査した名著『忘れられた日本人』(岩波文庫)には、対馬《つしま》の村人が寄り合いで、意見がまとまるまで何日もかけて話し合いを続ける姿が収録されている(余談だが、宮本常一のパトロンは、渋沢栄一の孫にあたる渋沢敬三だった)。欧米のように短時間に結論を出すスタイルではないが、本来は日本人も議論は得意なのだ。

仕事で自分の意見が通らず不満が溜まるという人は、まず相手の話に耳を傾けるというところから始めてみてはどうだろうか。

まわりを納得させられないのは、シミュレーションが浅く、合理的な判断ができていないからかもしれない。そこであえて他の人の意見を聞き、さまざまな角度からシミュレーションをやり直すのだ。

その結果、自分の意見が正しければ説得力が増すし、逆に間違っていたなら考えを改めればいい。いずれにしても、時間をかけてしっかりと議論を尽くせば、自分も周囲も納得できる判断に近づくはずだ。

ルール5　方向性を決めたら「腰だめ」で行動に移す

渋沢はやがて江戸に出て書生となり、後に徳川家最後の将軍となる一橋慶喜《ひとつばしよしのぶ》の家臣平岡《ひらおか》円四郎《えんしろう》に見出されて武士になる。倒幕を目論む者が仕官して武士になるのは矛盾しているように思えるが、ここでも渋沢の合理的な思考が垣間《かいま》見える。

「（前略）一橋の家来と名を借りて居ったならば、刀剣を帯して歩行くにも又は槍を持つにも着込みを用意するにも多人数を集めるにも、都《す》べて人の怪みを招くことが少ない、農民風情では帯刀も憚《はばか》らねばならぬ制度の下に居る時だから、これは好機会だと思って右の平岡に別して懇親して居た」(『渋沢栄一　雨夜譚／渋沢栄一自叙伝〔抄〕』)

つまり倒幕の目的を達成するためなら、農民でいるより武士となったほうが、身動きが取れて準備しやすいというわけだ。

渋沢は持ち前のビジネスセンスを発揮して、藩でメキメキと頭角を現していく。年貢米の売り方や木綿、ガラス製造など産業改革案を提案して認められ、会計事務の責任者に出世。藩の財政改革を引き受けることになる。

このとき手がけた事業の一つが、藩札《はんさつ》の発行だ。当時は金銀が貨幣として流通していたが、持ち運びやすさなどの利便性を考えれば、紙幣の発行は理に適ったことだった。ただ、藩札はすでに中国九州地方の諸藩が発行していたものの、引換所が正常に機能せず、紙幣としての信用は確立されていなかった。

藩札の問題は、渋沢にとってもわからないことが多く、一種の賭けだったようだ。

「元来自分はかような事に付いては、その時分には別に学問も経験もなく、又外国の紙幣取扱方を聞いたこともなし謂わば腰だめの考案であったが、今日から思って見ればこの時の考案は経済の道理に暗合して居たので、即ち紙幣はこの如き効能をなし、又この如き過ちを生じ易いものであるから、その効能を取って過ちを避ければ、真誠なる紙幣使用の実益を得るものである」（『渋沢栄一　雨夜譚／渋沢栄一自叙伝〔抄〕』）

渋沢にとって、知識も事例もない中で物事を決断するのは、ジレンマだったに違いない。徹底したシミュレーションをもとに判断したいが、一〇〇％の確信ができるまで待っていたら、いつまでも前には進めないからだ。

では、渋沢はいかにして決断を下したのか。注目したいのが、**「腰だめの考案」**という表現だ。

腰だめは、鉄砲の撃ち方の一つだ。昔の鉄砲は精度が悪く、狙いを定めても微妙に照準がズレてしまうことが多かった。そのため狙いの正確さにこだわるより、おおまかに狙いをつけたら、腰に鉄砲を当てて撃つというスタイルが定着していた。このアバウトな撃ち方を「腰だめで撃つ」という。不確定な要素が多い藩札の問題について、渋沢はまるで鉄砲を撃つときのように、おおまかな方向性に沿って決断を下したのだ。

アバウトな決断は、物事の合理性にこだわる姿勢と矛盾するように見える。しかし、現時点で可能なシミュレーションはやり尽くしているのに、それ以上、待つ必要はあるだろうか。もはや検討する材料が手元にないのに、決断をだらだらと先送りするのは、かえって不合理。行動のスピードを損なうだけだ。

ダン
ダン
ダン
ケツダン

そもそも未来のことはだれにもわからない。だからといって何も決めずにいたら、事態は変わらない。たとえ不透明な部分があっても、踏み込んで決断しないかぎり、仕事は進まないのだ。

仕事がデキない人は、渋沢とは逆のパターンにハマっているケースが多い。深く検討すべきときに見切り発車して、それ以上考えても仕方がないときに優柔不断に陥ってしまう。これでは判断ミスが増えるし、行動が遅くなってチャンスを逃す羽目にもなる。

まずは自分にできうるかぎりのシミュレーションを行い、検討し尽くしたら即座に決断を下す。そして、腰をしっかり定めて、行動する。それがもっとも理に適った仕事へのアプローチだろう。

ルール6　ワーキンググループを活かす

慶喜が将軍になることが決まると、そのことに反対だった渋沢は慶喜のもとを離れて、パリの万国博覧会に出席する使節団に参加した。フランスで目《ま》の当たりにしたのは、商業と工業が国を支える資本主義の経済システムだった。

この出合いが渋沢の運命を変えた。西欧の繁栄をまざまざと見せつけられた渋沢は、商工業をないがしろにしたままでは日本は強くならないと考え、以後は商工立国を目指すようになる。

大政奉還を機に帰国した後は、静岡で商法会所（銀行と商社の性格を併《あわ》せ持った会社）を設立。この評判を聞きつけた大隈重信《おおくましげのぶ》に説得されて大蔵省に入省する。

入省後の立ち振る舞いが面白い。あるとき渋沢は、大蔵省が取り組むべき仕事についての理想を語った大隈重信に、こう愚痴をこぼす。

「併しながら現今目撃した有様では、過日御説を承った諸般の改正は到底為し得られぬことであろうと考えます。何故と申せば、省中は只雑踏を極むるのみで、長官も属吏もその日の用に逐《お》われて何の考えをする間もなく一日を送って、夕方になればサア退庁という姿である」

（『渋沢栄一　雨夜譚／渋沢栄一自叙伝〔抄〕』）

この批判に共感できる人は多いかもしれない。改革は必要だが、目の前の仕事をこなすのに精いっぱいで、何もしようとしない上司や同僚たち。こうした環境で働いていると、つい愚痴の一つでもこぼしたくなるものだ。

ただ、たんなる批判で終わらないのが渋沢の偉いところ。さらにこう続けて、改革案を提案した。

「この際大規模を立てて真正に事務の改進を謀《はか》るには第一その組織を設くるのが必要で、これらの調査にも有為の人才を進めて研究をせねばならぬから、今省中に一部の新局を設けて、凡《およ》そ旧制を改革せんとする事、又は新たに施設せんとする方法・例規等は都べてこの局の調査を経てその上時の宜《よろ》しきに従ってこれを実施する、という順序にせられたいことであります」（『渋沢栄一　雨夜譚／渋沢栄一自叙伝〔抄〕』）

渋沢が提案したのは、組織横断的に改革を進めるワーキンググループのようなもの。そこに優秀な人材を集めて、改革の本丸とすることを進言したのだ。

大隈はこれを聞き入れて、のちに一円切手の肖像になる前島《まえじま》密《ひそか》をはじめ、「文筆を能するもの、技芸に長ずるもの、洋書の読める人」（『渋沢栄一　雨夜譚／渋沢栄一自叙伝〔抄〕』）などを集めて改革局を設置した。渋沢は改革局の係長として、全国測量の実施、度量衡や租税の改正、貨幣制度の改革、鉄道敷設案や諸官庁の建築まで、幅広い仕事を手掛けた。こうした経験が、のちに千を超える会社・団体を設立するときに役立っていたことは想像に難くない。

おそらくみなさんの会社にも、何かしらのワーキンググループがあるだろう。たとえば「○○委員会」の実働部隊や「××プロジェクト準備チーム」のような組織だ。

こうしたワーキンググループは、「自分の仕事が忙しくてそれどころではない」、「下準備をやらされる」、「評価に直結しない」などの理由で敬遠されることが多いが、じつにもったいない。機会があるなら、積極的に参加すべきだ。

渋沢の例を見てもわかるように、ワーキンググループは若手の有能な人材に声をかけて参加させるケースが多い。会議の進め方も型にはまったものではなく、ブレインストーミングのような手法が選ばれることが多く、序列を気にして発言を控えたりしないでもいい。さらに組織横断的な権限を与えられて、普段は知りえない情報に触れたり、他の部署との人脈を築くこともできる。**ワーキンググループは、仕事力を磨く最適な場なのだ。**

この機会をみすみす逃してはいけない。自分の目の前の仕事だけをやっていればいい、というのでは、渋沢が批判した同僚たちと変わらない。そこから一歩抜き出るためには、ワーキンググループには自ら手を挙げてでも参加すべきだろう。

ルール7 自分の得意な分野で勝負する

大蔵省で目覚ましい活躍をした渋沢だが、一八七三年、親しくしていた井上馨《いのうえかおる》（のちの初代外務大臣）とともに退官して、実業界に身を投じることになった。井上馨は政争に敗れて職を辞したが、渋沢はもともと民間志向が強く、辞職は既定路線だった。

当時は実業界も官主導だった。たとえば岩崎弥太郎《いわさきやたろう》（三菱財閥創業者）も、明治政府と結びつき、いわばインサイダー的なやり方で財をなした。しかし、渋沢は政府から情報を得て投資する政商になるつもりはなかった。むしろ民間から商工業を盛り立て、国力を高めることを目指していたのだ。

どうして楽に儲ける道を選ばなかったのか。その根本には、やはり「身分制度のない世の中を作りたい」という大義があった。当時、制度上は四民平等になったとはいえ、いまだに優秀な人材はこぞって役人になることを目指し、商人を馬鹿にする官尊民卑《かんそんみんぴ》の風潮が色濃く残っていた。

「人間に階級があってはならぬ、役人であろうと町人であろうと、互いに人格を尊重し合わなければならぬ。殊に国を強くするには国を富まさねばならぬ、国を富ますには商工業を発達せしめねばならぬから、微力ながらも私が商工業に従事して国家の隆盛に力を尽くそうと考えたのである」（『渋沢栄一　雨夜譚／渋沢栄一自叙伝〔抄〕』）

少年時代、代官から受けた理不尽な仕打ちに端を発した「義憤」は、自身が出世して地位を得てからも揺らぐことはなかったのだ。

実は、渋沢が民間にこだわった理由がもう一つある。それは、自分の得意な分野で勝負したほうが目的に適うと考えたからだ。

「しかも私は政治家としては適材ではないかも知れぬが、商工業の方面に関しては多少自信もあったので、敢て私の長所とは申さぬけれども、兎《と》も角《かく》自分の力を十分に発揮し得る方面に向うのが、人間の本分を尽す所以《ゆえん》だと考えたのも、私の実業界に身を投ずるに到った一つの理由である」(『渋沢栄一　雨夜譚／渋沢栄一自叙伝〔抄〕』)

これは至極真っ当な考え方だろう。渋沢なら、そのまま官にいても商工業の振興に大きく貢献できたはずだ。しかし、同じ目的を掲げるなら、より効果のある手段を選ぶのが合理主義的な考え方である。その意味で、自分の能力を発揮しやすい場所に身を置こうとするのは理に適っている。

この考え方は、ビジネスマンもぜひ見習いたい。

世間では当たり前のように言われているやり方が、必ずしも自分に合っているとは限らない。むしろ一般論に自分を縛りつけて、持ち味を殺してしまうことも多いはずだ。

たとえば朴訥《ぼくとつ》とした雰囲気が魅力なのに、無理をしてセールストークを繰り出そうとする人がいる。一般的なやり方を身につけようとする姿勢は悪くない。ただ、渋沢なら「素朴さを活かしてお客様に気に入ってもらう方法を考えたほうが効果的かもしれない」と思案して、その方法を試してみるだろう。

いまのやり方に違和感のある人は、既成概念を一度取り払って、本当に自分が得意なやり方を模索してみてはどうだろうか。苦手なやり方に固執《こしつ》するより、自分の長所を活用したほうが、きっと成果も上がりやすいはずだ。

ルール８　事前にしっかりと手続きを行う

官から民へと立場を移した渋沢は、大蔵省時代に設立を指導した第一国立銀行の頭取《とうどり》に就任して、いよいよ実業家としての活動を始める。

冒頭で紹介したように、渋沢がかかわった企業・団体の数は、優に千を超えている。設立に名前を貸したり、投資目的で出資するだけなら、驚くに当たらないかもしれない。しかし、渋沢が際立っていたのは、実務にもしっかりと携わっていたという点だ。

製紙会社を起業したときの話だ。

渋沢は洋紙を製造するために、アメリカ人の技師を雇った。しかし、粗悪な試作品しかできず、「（前略）紙の漉《す》き出しを試みるに何《ど》うも旨《うま》く行かない。漸《ようや》く少し出たと思うと直《す》ぐに切れてしまうし、今日は少し可《よ》いと思うと翌日はまた切れてしまう」（『渋沢栄一　雨夜譚／渋沢栄一自叙伝〔抄〕』）といった具合で、遅々として製品化が進まなかった。

工員が言うことを聞かないと言い訳する技師に対して、渋沢は次のように反論した。

「職工は絶対に君の命令に服従して居る事は、私自身が工場にやって来てよく知って居る。結局君の技術が未熟であるからだ。私の考える処《ところ》に依《よ》れば、原料の製造が悪いか、薬品の調合が宜しくないか、何《いず》れ他に原因があるだろうと思う」（『渋沢栄一　雨夜譚／渋沢栄一自叙伝〔抄〕』）

このように専門家顔負けの指摘ができるのも、渋沢が二日に一度、現場に足を運んで製造の様子をよく見ていたからだ。この指摘によって、技師は熱心に研究を始め、ようやく商品として世に出せるレベルまで改良が進み、一八七五年には無事、事業化に成功。ちなみにこの会社は、現在の王子製紙である。

このエピソードからもわかるとおり、渋沢はけっして名目だけの存在ではなく、複数の会社の経営に実務レベルで携わるスーパー起業家だったのだ。

普通はこれだけの数の事業を抱えると、頭が混乱してしまうものだ。とくに渋沢は、銀行、ガス会社、病院など、まったく分野の違う事業を数多く抱えていた。これを並の経営者がやれば、パニックに陥って頓挫《とんざ》してしまうだろう。

では、なぜ分野の違う事業を滞りなく経営できたのか。

ヒントになるのは、渋沢の自叙伝にたびたび登場する「手続き」というキーワードだ。たとえば尊王攘夷で世直しを目指したときは、「世を済《すく》う手続は、如何《どう》したらよかろうか」、上洛するときも「京都行の手続きは如何したかというように」というように、とにかく手続きにこだわった様子がうかがえる。

渋沢のいう手続きとは、事務処理という意味ではなく、手順や段取りのことだ。何をやるにも、まず全体の設計図を作り、目標到達までの段取りを決めてから行動する。それが渋沢のルールであり、たくさんの仕事を効率よくこなすための秘訣だった。

実は渋沢が興した数多くの事業も、段取りどおりだった。最初に銀行を設立したのは、資本家でなくても起業できる環境を作るためだったし、ガスや電気などインフラ関係の会社を興したのも、他の産業を育てるためだった。この順序が逆ではうまくいかない。手当たりしだいに事業を興したように見えるが、実は商工立国という設計図を作り、段取りどおりに事業を選んでいたからこそ、スムーズな経営ができたのである。

スケールの大きさは遠く及ばないものの、この考え方は私たちにも非常に役に立つ。**複数の仕事を抱えて混乱してしまうのは、グランドデザインがなく、ゴールやそこに至る道筋を曖昧《あいまい》にしたまま取り掛かろうとするからだ。**着地点と段取りがわからないから、必要な仕事をすっ飛ばして次に進んでしまったり、無駄な仕事に時間をかけてしまう。これでは混乱するのも当然だ。

残念ながら、日本の会社の会議を見てみると、プロの段取り力があるとは思えないケースも目立つ。次の展望がないまま、漠然と会議をしている会社がなんと多いことか。結論を次のアクションにつなげてこそ会議をする意味があるのに、ただ議論をしただけで満足し、何か仕事をした気になっている。次の段取りが決まっていない会議など、無駄以外の何物でもないのだが……。

これは他の仕事でも同じこと。人一倍働いても仕事がなかなか進まない人は、自分の仕事をすべて洗い出し、そもそもの目的から着地点まで、全体の「手続き」を確認してみよう。そうすれば、いま自分が何に取り組むべきなのかが明確に見えてくるはずだ。

また飲みすぎて
着地点がわからなくなった
どこまで帰るんですか・・・

ルール9 座右の書を持つ

みなさんは、普段から何度も読み返すお気に入りの本を持っているだろうか?

渋沢は、ある本をビジネスの基本書として座右に置き、繰り返し読んでいた。といっても、商売のノウハウや経済の仕組みについての本ではない。渋沢が読んでいたのは『論語』だった。『論語』は、儒教の始祖である孔子と、その高弟たちの言行録である。主な内容は、政治や君子の在り方について。江戸時代には、儒教が倫理の中核に置かれ、『論語』は多く人に読まれていた。幼いころから古典を習っていた渋沢が、好んで『論語』を読んでいたとしても、何ら不思議ではない。

ただ、清貧を尊ぶ儒教の思想は、お金儲けとは対極に位置するように見える。『論語』で倫理を学ぶことが、直接的にビジネスの役に立つとは思えない。ところが、渋沢は「商才も論語に置いて十分に養える」(『論語と算盤』/渋沢栄一述・梶山彬編/国書刊行会)といって、何度も読み込んでいたのだ。

なぜ渋沢は、『論語』を事業の教科書にしたのか。それはお金儲けではなく、「経済」を目指していたからだ。

いまでこそ経済という言葉は、エコノミーという意味で使われる。しかし、もともとは経世済民、つまり「世を経《おさ》め、民を済《すく》う」が語源である。渋沢にとって、商売は私利私欲を満たすためではなく、国を豊かにして社会に貢献するための手段に過ぎなかった。『論語』で倫理を学び、それをビジネスに適用することは、何ら矛盾しないのだ。

社会貢献なんてきれいごとじゃないかと疑う人もいるだろう。しかし、実際に渋沢は蓄財《ちくざい》にほとんど関心を示さず、養育院や病院、大学など、儲けたお金を積極的に慈善事業に投資をしていた。

「私は他人が掛物とか屏風とかその他の書画骨董に金を出すと同様に、慈善事業に金を費す事を以て一種の道楽と思うて居る位である」（『渋沢栄一　雨夜譚／渋沢栄一自叙伝〔抄〕』）

このような考え方を育んだのも『論語』だった。渋沢は続けてこう書いている。

「全体この慈善という事は、孔孟の訓で申せば広く衆を愛するという事で、博愛謂之仁（引用者注：博愛をこれ仁と謂う）とか、惻隠之心仁之端也（引用者注：惻隠《そくいん》の心は仁の端なり）とかまたは汎愛衆而親仁（引用者注：汎《ひろ》く衆を愛して仁に親しむ）とか、樊遅問仁、子曰愛人（引用者注：樊遅《はんち》仁を問う、子曰く、人を愛す）とかいうと同じく詰《つま》り仁という事であり（後略）」

(『渋沢栄一　雨夜譚／渋沢栄一自叙伝〔抄〕』)

このように慈善活動を孔子の教えになぞらえて解釈できるのも、『論語』を自分の血となり肉となるレベルまで読み込んでいたからだろう。

実は座右の書を持つことは、仕事をするうえでも直接的に役立つ。**書によって倫理の核ができると、的確かつスピーディに判断が下せるのだ。**

渋沢のもとには、さまざまな出資案件が持ち込まれた。設立にかかわったのが五〇〇社余りの企業と六〇〇余りの社会福祉関係事業だったことから推測すると、実際はそれを大きく上回る数が持ち込まれていたはずだ。そんな膨大な出資案件を、なぜテキパキと処理できたのか。

それは「経世済民」という判断基準が、『論語』を繰り返し読むことによって築かれていたからに他ならない。

しっかりとした判断基準ができれば、あとはそれに照らし合わせるだけでいい。仮に判断がつきかねる場合でも、「孔子先生が後ろについていてくれる」と思えば一歩踏み出せるし、自分が下した決断に自信を持てる。そこに迷いはない。

いざというときは座右の書に立ち返って判断をする。渋沢が実践していたこのルールは、

立ち読みばかりしてるから
人間として腰が座ってこない・・・

私たちも大いに参考になる。

どの仕事を優先すべきなのか。だれとどんな取引をすべきなのか。そこでいちいち迷ったり不安がっていたら、仕事は前に進まない。しかし、心の拠《よ》り所になる本がそばにあれば、勇気を持って決断を下せるし、迷いが生じたら、もう一度、本に戻って判断し直すこともできる。

べつに『論語』でなくてもかまわない。人生の原理原則について示唆してくれるものなら、ビジネスの羅針盤として使える。先に紹介したカーネギーも、スコットランドの英雄伝を自分の判断基準の一つとして活用していた。どんな分野の本であれ、成功者はこうした座右の書を一冊は持っているものだ。

大切なのは、一生つき合える本と出合うこと。その本は、きっとあなたが前に進むための力になってくれるはずだ。

それにしても、『論語と算盤』とは非常に象徴的なタイトルである。渋沢は高い志を保ちつつ、卓越した合理的思考で自らの事業を築きあげていった人物だ。志と合理的思考、どちらが欠けても一流の仕事を残すことはできないだろう。渋沢が常に『論語』の姿勢に準拠していたのと同じように、私たちも渋沢の姿勢を頭の片隅に置いておくべきではないだろうか。

渋沢栄一ルール

SHIBUSAWA RULES

- □ ❶ 手伝いの際に仕事の仕方を盗む
- □ ❷ 怒りを義憤に変える
- □ ❸ 強い思い入れがある企画も、冷静に検討する
- □ ❹ 議論を尽くす
- □ ❺ 方向性を決めたら「腰だめ」で行動に移す
- □ ❻ ワーキンググループを活かす
- □ ❼ 自分の得意な分野で勝負する
- □ ❽ 事前にしっかりと手続きを行う
- □ ❾ 座右の書を持つ

第4章 豊田佐吉ルール

TOYODA RULES

写真提供：毎日新聞社

豊田佐吉

1867年、遠江国《とおとうみのくに》山口村（現・静岡県湖西市）の農家に生まれる。父は大工。90年、「豊田式木製人力織機」を発明し、初めて特許を取得。その後も数々の研究と改良を重ね、1924年には、その当時世界一と評価された「G型自動織機」を完成させる。26年、愛知県碧海《へきかい》郡刈谷町（現・刈谷市）に豊田自動織機製作所（現・豊田自動織機）を設立。29年、世界の紡績機業界のトップメーカーであった英国・プラット社に、当時の金額で100万円という高額で技術供与（権利譲渡）。その特許権譲渡で生まれた莫大な資金は、国産自動車の開発につぎ込まれ、現在のトヨタ自動車の源になった。1930年、63歳で死去。

ルール1

発明良心に従う

トヨタ自動車は、世界でもっとも名が知られた日本企業の一つだろう。ただ、これほど有名な企業でも、源流となった豊田佐吉《とよださきち》（一八六七～一九三〇）の存在は、今の若い人たちには意外に知られていない。

佐吉は一九二六年に、現在のトヨタグループの母体になる豊田自動織機製作所を設立した。息子の喜一郎が同社の自動車部を作り、それがのちにトヨタ自動車になった。厳密にいうとトヨタ自動車の創業者は喜一郎だが、そもそものルーツは佐吉である。

どちらかといえば、佐吉は実業家というより、発明家としての側面が強かった。その遺伝子は、現在のトヨタにも脈々と受け継がれている。

トヨタの強さの秘密として、営業力や組織力をあげる人も多い。たしかにそれらもトヨタの強みだが、根底にあるのは、やはり技術力・開発力ではないだろうか。

九〇年代、トヨタは世界初の量産ハイブリッド・カーのプリウスを開発した。エコカーの開発は技術的なハードルが高く、他のメーカーは開発に積極的ではなかった。そもそも当時は「エコカーはビジネスとして時期尚早《しょうそう》。ニーズがない」という評論家が多く、ビジネスとして不透明であった。にもかかわらず、トヨタは巨費を投じて技術開発にチャレンジし、見事に成功させた。燃費の悪い大型車が世界的に苦戦している自動車業界で、いまやエコカーは市場の期待の星である。トヨタがこうしたチャレンジに積極的であったのも、発明家である佐吉の遺伝子が受け継がれているからだろう。

佐吉の発明家としての精神は、別の形でも引き継がれている。詳しくは後で述べるが、一九〇六年、佐吉は三井財閥の出資で豊田式織機株式会社を設立した。ただ、会社に豊田の名前こそ戴《いただ》いているものの、立場は社長ではなく技師長である。発明家である佐吉と、利益重視の経営陣の間には、当然のように意見の相違があった。

佐吉を語るときのバイブル的な伝記である『豊田佐吉傳《でん》』から、エピソードを一つ紹介しよう。

「豊田式織機会社時代、翁（引用者注：佐吉）は会社の技師長だつたが営利を主眼とする会社では、発明の試験に要する費用を惜しんだので、とかく営業的試験が閑却され勝《がち》であつた。しかし翁は会社の将来の為にも、また発明良心の上からいつても、これではならぬと信じ、自費を投じて名古屋市菊井町に試験工場を設け、充分なる営業的試験を行つて発明織機の完

壁を期することを忘れなかつた」（『豊田佐吉傳』／豊田佐吉翁正傳編纂所）

佐吉は一介のサラリーマンであったにもかかわらず、発明良心、つまり実用に耐えうる品質でないものは世に出すべきではないというこだわりのために、自腹で試験工場を建てたのである。

こうした品質へのこだわりは、「カイゼン」と呼ばれるトヨタ独自の手法にも引き継がれている。カイゼンは、生産現場から品質管理や効率化を提案して改善するボトムアップ活動のことで、現場の社員一人一人が品質にこだわる発明良心を持っていなければうまく機能しない。まさに佐吉の遺伝子なくして、現在のトヨタの繁栄もありえないのだ。

では、トヨタの源流となった佐吉は、どのような人物だったのか。さっそく立志伝を紐解《ひもと》いてみたい。

佐吉は静岡の山口村（現・湖西市）で農家の息子として生まれた。父親は大工で、佐吉に跡を継がせようと修業を積ませた。当初は素直に父親に従い、大工の見習いとして精進していたが、一六歳のころ、不景気になって大工の仕事が激減してしまった。仕事のない日には障子をしめ切って新聞や雑誌を熟読したが、仕事に飢えた状況と、新聞で知った西洋の発展ぶりが、佐吉の向上心に火をつけたようだ。しだいに大工仕事より、天下国家を論じるほうに興味が移っていった。

それが高じて、佐吉は一八歳のときに山口夜学会という勉強会を自ら開催するようになる。場所は村の観音堂。そこに毎晩、村の青年たちを集めて、頼山陽の『日本外史』を読んだり、談話会のようなものを行った。普段の佐吉はおとなしいタイプだったが、ここでは様子が違った。

「(前略) 問題によつては佐吉翁は平日の寡黙家が打つて変つて別人の如く雄弁家となり、しかも言々句々《げんげんくく》熱血そのものであつたさうだ。特に国家問題に論及するや、悲憤慷慨して底止する所を知らず、遂に号泣するを常としたので、翁が口を開くと他の同志達は粛然として襟を正したといふ」(『豊田佐吉傳』)

論じているうちに最後には涙を流すというのだから、相当な激情家といっていい。やはり大仕事をやってのける人物は、根底に熱いものを持っているのだろう。

ところで、夜学会を開くきっかけになった一冊の本がある。明治初期の大ベストセラー、『西国立志編』(斯邁爾斯［スマイルズ］著) だ。小学校の先生がこの本を教科書として使って生徒に教えていたが、それを通りすがりに聞いていた佐吉が興味を持ち、勉強会を主宰することを思いついたのだ。

実はこの本との出合いが、のちの佐吉に大きな影響を与えている。『西国立志編』は、サミュエル・スマイルズの『自助論（セルフ・ヘルプ）』の翻訳本だ。この本には欧米諸国で立身した人のエピソードが数多く収められている。

その中には、機織《はたお》り機械を発明したイギリスの大工、ジェームス・ハーグリーブスの逸話もあった。同じ大工だった佐吉は、ハーグリーブスの逸話に心を躍らせ、機械への憧れを募らせていった。このころはまだ明確に発明家を志していたわけではないが、『西国立志編』と出合うことで、発明家としてのアイデンティティを形成していったのである。

エジソンはファラデーの『電磁気学』、カーネギーはスコットランドの英雄伝、渋沢栄一は『論語』というように、これまで紹介した偉人たちは何かしらの書物を自分の教科書にしていたが、佐吉が『西国立志編』に影響を受けたのも、けっして偶然ではないはずだ。

ルール2 他者とアイデンティティを共有する

夜学会を始めてまもなく、佐吉はちょっとした冒険を試みる。友人の五郎作と連れ立って家出同然で村を飛び出し、東京見物に出かけたのだ。このときの所持金は、わずか二円。当時は東海道線も全線開通していなかったので、野宿をしながらの徒歩の旅である。

二人は、村とは様子が違う華やかな東京の街に驚いたことだろう。しかし、この東京見物は、たんなる物見遊山《ものみゆさん》ではなかった。

「(前略) 翁の東京見物は名所旧跡を探るでもなく、又、上野、浅草などの盛り場を歩き廻ることではなく、西洋の珍らしき機械を見むものと工場の前を通ると立止りて内へ入り見学する事を唯一の楽しみにしたのである。無断工場に侵入し叱られた事も数知れずの有様であつたが、何しろ思はしい仕事もなし、それに旅費の欠乏から遂に帰国することになつた其時ですら、翁は五郎作氏の反対を押し切つて、横須賀へと廻り造船所を見物して行かうといつてきかなかつた」(『豊田佐吉傳』)

二人にとって、東京見物は機械を学ぶ旅だった。そのため叱られるのを承知で工場に入りこんだり、旅費が尽きかけているのに造船所のある横須賀に向かったのだ。

この旅を通して、佐吉の発明心に火がついた。郷里に戻ったあとは、大工仕事そっちのけで村はずれの小屋に閉じこもり、自動織機の発明に没頭した。

まともに仕事をしないのだから、父親とは衝突する。さらに発明資金は知人から借金して調達していたので、周囲からの評判も芳《かんば》しくない。当初はお金を貸していた村の人たちも、しだいに佐吉とは距離を置くようになった。

「翁は知己友人をたづねて借り集めたが、もとよりこれは父の信用によるものであつたから二度となり三度と重なると、誰しも手を引いてしまつた。知識の不足は豊富な想像力と不断の努力によつて補ふことが出来たけれども、資金の欠乏には、さすがに後年の千萬長者も悲鳴をあげた。当然の結果として行詰りが来た」(『豊田佐吉傳』)

まわりから冷たい視線にさらされて、資金も尽きる。普通なら挫《くじ》けてしまうところだ。しかし、佐吉は発明を粘り強く続けた。並ではない執着力だ。

このとき佐吉を支えたものは、はたして何だったのか。私の想像だが、それはおそらく発明家としてのアイデンティティだという気がする。

アイデンティティの成立には、二つの性質がある。一つは、時代や外部環境が変化しても、自分の中で一貫していて揺らぎがないこと。もう一つが、他者と本質的な何かを共有していることだ。

ここで重要なのは、後者の性質である。アイデンティティは自分一人が個として存在しているだけでは成立しない。自分と重ね合わせられる他者の存在があってはじめて成立しうる。

アイデンティティが確立すると、後者の性質が逆境から自分を救ってくれる。つまり他者と大事な部分を共有することによって、自分と共通するものを持つ他者が心の友となり、精神的な支えになってくれるのだ。

第二章で取り上げたカーネギーは「自分はスコットランド人だ」という誇りを持つことで他のスコットランド人とつながり、困難に立ち向かう勇気を得たが、佐吉の場合も同じだ。佐吉は自分を発明家として規定することで、『西国立志編』で読んだハーグリーブスをはじめとしたさまざまな発明家とつながった。おそらく佐吉も、苦境に立たされたとき、「発明家はこの程度であきらめない」、「偉大な先人に顔向けできないようなことはしない」と言って、自分を奮い立たせたのではないだろうか。

アイデンティティは、物事を成し遂げる際の大きな原動力になりうる。

みなさんも仕事で挫けそうなときは、自分は何者なのか、改めて問い直してみるといい。「○○マンである自分は、いま何をすべきか」、「先輩の○○マンも、きっとこの問題を乗り越えたに違いない」というように自分が拠って立つ基盤を意識すれば、きっと前に進む勇気が湧いてくるに違いない。

ルール3

「発明家魂」を持つ

佐吉は自分のことを事業家ではなく発明家だと考えていたが、どんな職業であっても、心のどこかに「発明家」としての志を持つことをお勧めしたい。

何も新しい製品を開発することだけが発明ではない。これまで世になかった新しいシステムや方法、概念や価値を作るのも立派な発明といえる。そういう意味では、学者は新しい概念を作る発明家だし、営業マンは新しい売り方を作る発明家になる可能性を秘めている。つまりだれでもいまの職業のまま発明家になれるのだ。

なぜ発明家であろうとすることをお勧めするのか。

それは新しいことを作りだす気概を忘れると、仕事は人から与えられたものを淡々とこなすだけの味気ないものになってしまうからだ。

仕事は多かれ少なかれルーティンなものだ。そのため仕事に退屈さを感じている人も少なくない。ただ、退屈さの原因は、本当に仕事にあるのだろうか。私はそうは思わない。**仕事がつまらないのは、新しいものを生み出そうとする気持ちや発想の柔軟性をなくした自分の**

発明への情熱が
持続する
クスリを
発明します

せいではなかろうか。

小学生のころ、私は平行四辺形や正三角形を簡単に描ける道具を考案した。いかにも子供っぽい陳腐な道具で、実際はほとんど役に立たなかった。しかし、自分なりに新しい描き方を見つけたことに興奮して、また別の発明をしようと一生懸命頭をひねったことを覚えている。子供向けの発明の本で、永久運動機は不可能だと書かれていたのを読んで、永久に回転し続けるタイヤのようなものを作ったこともある（後に永久でないことがあっさり判明）。似たような経験をしている人もいると思うが、大人になるにつれて、多くの人は発明心を忘れてしまう。本当に残念なことだ。

発明といっても、無から有を生み出そうと肩肘を張る必要はない。佐吉が最初に特許を取った豊田式木製人力織機も、じつはそれほど画期的なものではない。伝記にはこう書かれている。

「翁の最初の発明は後に詳述するやうに、俗に謂ふバツタン織機の発明であつたが、これは発明といふよりも、むしろ改良といつた方が適切である。昔から農家の副業として用ひられたハタゴがいかにも幼稚で能率の上らないのを目撃して、翁は約四割の増織りの可能な織機に改良したのである」（『豊田佐吉傳』）

後に自動織機を発明することになる佐吉も、当初は「発明家」ではなく「改良家」だったわけだ。

そう考えると、私たちも大げさに考える必要はない。たとえば「付箋の貼り方を自分なりに工夫した」、「いつもより元気にあいさつしたらお客様に喜ばれた」、「提案書のフォーマットを変えたら見やすくなった」といったレベルで十分だ。

こうした改良を加えるだけでも、昨日と同じ仕事が今日は変わって見えるはず。何かしら新しいことを試すだけで、仕事はグンと楽しくなるのである。

ルール4　理解するまで帰らない

自分を成長させるために、たくさんの本を読んでいるし、勉強会やセミナーにも積極的に参加している。しかし、時間とお金を費やしているわりに、目の前の壁を打ち破るような気づきを得られない。そんな悩みを持っている人も多いだろう。

一方では、読書や勉強会、さらに日々の仕事でもさまざまなヒントを見出して、成長を遂げる人もいる。同じものを見ていても、気づかずにやり過ごしてしまう人と、何かの学びを得る人。その差は、いったいどこにあるのだろうか。

佐吉は、明らかに後者のタイプだ。ただ、気づく力は天賦の才能ではない。根底にあるのは、「何かを得るまで途中で止めない」という執念だ。

二二歳のころ、織機の発明に行き詰っていた佐吉にチャンスが訪れた。新聞で、東京上野で内国勧業博覧会が開かれることを知ったのだ。

佐吉はいてもたってもいられなくなり、二度目の上京を決意する。今回は佐吉の才能を見出して旅費を貸してくれる援助者もいた。最初の上京と違って、今回は是が非でも何かを学んで帰ってくる必要のある旅だ。

博覧会の機械館には、当時最先端の外国製機械が多数出品されていた。佐吉は近くの安宿に泊まって、機械館に連日、通い続けた。機械が動くときは、人ごみの最前列に土下座して凝視した。

毎日やってきて機械から離れない若者を不審に思ったのだろう。二週間を過ぎたころ、とうとう警備員に詰問された。

来館の目的を問われると、「機械の見学です」と答えた。この返答からも、佐吉自身、珍しいもの見たさの「見物」ではなく、機械の仕組みを学ぶための「見学」であることを明確に意識していたことがうかがえる。

学びへの執念が感じられるのは、このあとだ。呆《あき》れて退場させようとする警備員に、悪びれた様子もなく、こう言い放ったのだ。

「しかしまだわからぬから止むを得ません」（『豊田佐吉傳』）

佐吉がしつこく食い下がった背景には、博覧会はめったに開かれないという事情があったかもしれない。しかし、それ以上に大きかったのは、純粋な学びへの執念だろう。

勉強にきた佐吉にとって、わからなければわかるまで見学し続けるのは、至極当然のこと。人に煙たがられたとしても、「はい、そうですか」とおとなしく引き下がることのほうが道理に合わなかった。

この姿勢は、ぜひ私たちも見習いたい。**この一冊から、あるいはこの講演から、何か一つでも気づきを得て帰ろう。**その覚悟を持って勉強に臨めば、これまで見逃していたものが見えてくるだろう。

ルール5 悩むべき問題を常に持ち、熟慮断行する

学び上手になるためには、実はもう一つ、重要なコツがある。それは普段から、自分が抱えている課題についてとことん考えることだ。

自分が直面している問題を意識しないままさまざまな情報に触れても、そこに隠れている重要なヒントは見つからない。たとえるなら、チョウやトンボをつかまえるのに網を持たずに野原に出かけるようなもの。何の用意もなく手ぶらで出かければ、どんな勉強をしたところで、何もつかめずに帰るハメになるだろう。

逆に普段から問題について深く考え抜いていれば、本や講演の中に潜んでいたヒントとスパークして、一気にモヤが晴れる瞬間がやってくる。

佐吉も、そんな経験をした一人だ。アメリカで自動織機が発明され、現地視察してきた大学教授が兵庫で講習会を開いたことがあった。この講習会に参加するため、佐吉は遠路はるばる名古屋から駆けつけた。

旧知の仲だった先生が会場を見渡すと、さっきまで話を熱心に聞いていた佐吉の姿が消え

ている。後日、途中退席した理由を尋ねると、こんな答えが返ってきた。

「あの時、先生のお話を拝聴してゐるうちに、五日間もどうしてもい、考への浮かんで来なかつた或る装置が、ふつと雷光のやうに頭脳に閃めいたので、すぐその足で停車場へかけつけ名古屋へ帰りました。どうも失礼いたしました」（『豊田佐吉傳』）

佐吉は、ある装置のアイデアにずっと頭を悩ませていた。それがなんとなく興味がある程度の問題なら、大学教授による貴重な現地報告も、おそらく右から左に聞き流していただろう。五日間悩み続けて、頭の中で練りに練って考えていたからこそ、現地報告がヒントとなってヒラメキが宿ったのである。

ただ、忙しいビジネスマンほど、問題を考え抜く作業が負担になってしまう。仕事をしていれば次々に難題が降りかかってくるし、それぞれの課題について、腰を据えて考える時間も確保しづらいからだ。

そこでお勧めしたいのが、手帳に課題をメモしておく習慣だ。

エジソンの章でも紹介したが、私は手帳の左半分にスケジュールや行動記録を書き、右半分は空欄にして、上に考えたいテーマの見出しを書いている。こうしておくと、スケジュールを確認するたびに否が応でもテーマが目に飛び込んできて、頭の中に自然に定着していく。あとはさまざまな情報に触れながら、スパークする瞬間がやってくるのを待つだけでいい。この方法なら、普段はじっくりと思索する時間が持てないという人も簡単にできるだろう。

スパークしたあとの行動も重要だ。

大学教授の話から気づきを得ると、佐吉は最後まで講演を聞かずにさっさと名古屋へ戻ってしまった。兵庫まで出向いたのだから、終わりまで聞かなければもったいない、という発想は佐吉にはなかった。何かしらのヒントを得たら、あとはそれを試すのみ。答えが見えているのに、だらだらと実践を引き延ばすのは無駄以外の何物でもない。

機械の仕組みを理解するために博覧会に二週間以上も通い続けたように、学びを得るまでは粘り強く考え続ける。一方、確信を得たら、脇目もふらずに即行動する。この「熟慮断行」こそが、佐吉の仕事のスタイルだ。

さまざまな情報収集をしても、課題を解決するヒントを得られないという人は、熟慮断行の逆をやっているのかもしれない。

普段から深く考えていないから、お手軽な答えに安易に飛びついてしまう。それでいて答えに確信が持てないため、なかなか行動に移せない。これでは難題を解決するのは難しいだ

熟慮するヤツがいれば
熟睡するヤツもいる…

ろう。

ルール6 公共心で逆境を乗り越える

先ほど紹介した内国勧業博覧会でのエピソードには、実は続きがある。毎日通い詰めて警備員から追い出されそうになった佐吉は、次のように警備員を怒鳴りつけた。

「(前略) 君も日本人だつたら一応仔細に出品されてゐる機械をよく見給へ。全部外国製ではないか。日本人の手に成つた機械が一つでもあるか。君は口惜しいとは思はんか。僕は胸が沸き立つやうに残念だ。だから何か一つ便利な機械を発明しようと思つて見学に来てゐるんだ。それがどうして不都合なのだ!」(『豊田佐吉傳』)

このセリフからうかがい知れるのは、西洋への対抗意識と愛国心だ。

そもそも佐吉が発明家を志した出発点は、「お金持ちになりたい」、「偉くなりたい」という利己心ではなく、「困窮する農村の生活を救いたい。そのためには発明で国を強くするしかない」という郷土愛や愛国心だった。だからこそ警備員に追い出されそうになっても、胸を張って正論を吐けたのである。

血圧、血糖値は下がったけど
私利、私欲が増えた……
検査受
MISUKE

外国に負けたくないという気持ちは、発明が軌道に乗って国内で名声を得たあとも変わらなかった。一九〇五年、佐吉は自身が発明した自動織機の性能を世界に向けて証明するために、外国製織機との比較試験を行った。日米英三カ国で計一一〇基の織機を一年間稼働させるという大がかりな実験だ。

実験の結果は、満足いくようなものではなかった。佐吉が発明した豊田式自動織機は、英国のプラット式普通織機の成績を下回ってしまったのだ。しかし、それでも心は折れなかった。

「その後の佐吉翁は、『外国織機を日本から追払つてやる』とかたく信じて発明に精進したから、明治四十二年翁の発明した広巾鉄製織機は、プラット式との比較試験の結果、断然プラットをリードしたのだ。翁の負けじ魂は見事に積年の無念を晴らしたのである」(『豊田佐吉傳』)

こうして佐吉はリベンジに成功したのだが、そのときの心情は、「外国織機を日本から追払つてやる」というセリフに集約されている。佐吉にとって発明とは、貧しかった日本を経済的に独立させ、外資の脅威から守るための手段だったのだ。

先ほど、佐吉の折れない心は発明家としてのアイデンティティが影響していると説明したが、佐吉の心を強くしたものがもう一つあるとすれば、それは愛国心や郷土愛だったろう。**愛国心や郷土愛という言葉に違和感を覚えるなら、公共心と置き換えてもいい。いずれにしても利己心とは対極にある気持ちが、逆境を乗り越える力になる。**

利己的な目的しか持たない人は、壁にぶつかったとき、自分さえごまかして正当化すればいいので簡単に諦めてしまう。しかし、自分がまわりの人や社会を背負っているという意識があると、壁があるからといって立ち止まるわけにはいかない。「世のため人のため」という目的意識は、弱気な自分を奮い立たせるのに、じつに有効な方法なのだ。

ルール7 憧れの矢となって飛び続ける

利己心を捨てると、もう一つ、いいことがある。苦境に陥ったとき、まわりが救いの手を差し伸べてくれるのだ。

一八九〇年、佐吉は最初の発明である豊田式木製人力織機を完成させた。この織機が飛ぶように売れて、好きな研究に没頭できるはずだった。

しかし、現実は甘くなかった。地元では期待していたほど織機が売れず、一念発起して東京のハタ屋に売り込んだものの、見事に撃沈。仕方なく工場を作って自分の発明品で布を織り、それを売って次の発明資金に充《あ》てることにしたが、これも失敗。家賃を払えず、工場は二年で閉鎖に追い込まれた。

それでも織機の研究を続けることができたのは、資金面で援助してくれる人がいたからだった。

村を家出同然で飛び出していた佐吉に住まいや研究資金を提供したのは、行く先々で知り合った知人だった。当時の佐吉は発明に関して、まださしたる実績を残していない。にもかかわらず、お金を出す人がいたのはなぜか。それは、佐吉が私利私欲で動いていなかったからだ。

佐吉とその援助者たちの軌跡を追ったノンフィクション『豊田佐吉とトヨタ源流の男たち』(小栗照夫著/新葉館出版)には、重要なスポンサーの一人であった商人の石川藤八《いしかわとうはち》が、佐吉にこう語りかける場面がある。

「おまえさんには金がない。だが、立派な織機がある。それをさらに改良する能力もある。それに外国に負けない技術が日本にあるんだという高い理想も持っている。それを早く実現しよう。俺にはそんな頭もないが、金はある。足らなければ他所《よそ》から引っ張ってくる自信もある。ともかく二人でやろう。二人でしっかりと手を組めば必ず成功する」

石川は、佐吉の才能だけを買っていたのではない。日本を外国に負けぬ国にするという高い理想に惹《ひ》かれて援助を申し出たのである。

周囲からの協力を得られるかどうかは、利己心の有無しだいだ。自分の仕事に置き換えて考えればいい。「部署の成績が下がると、俺の管理責任を問われるじゃないか」と言う上司と、「この事業は、きっと会社の（ひいては世の中の）ためになる」と言う上司。一肌脱ごうという気持ちになるのは、いうまでもなく後者である。利己心を捨てて働く人には、まわりもおのずとサポートしたくなる。

別の言い方をするなら、自分が「憧れの矢」になることだ。目先の利益にとらわれず、大きな目的に向かって勢いよく飛び続ける人の姿は、じつに魅力的。一緒にいればパワーを分けてもらえそうな気がして、思わずこちらから近づきたくなってくる。

まさに憧れが憧れを呼ぶ状態で、人は自然についてくる。

憧れの矢となって飛び続けることは、いまの時代もビジネスマンに求められる条件の一つだ。まわりを魅了するような大きなビジョンを語れるかどうか。チームで仕事をするときや、部署の壁を越えて協力が必要なとき、それが成否を左右する。

結果も残せていないのに、大きなことを語るのはおこがましいと思うかもしれない。しかし、実際に佐吉はそうして人々の協力を取り付け、一八九六年には念願の豊田式汽力織機の発明へとたどり着いた。

最初はだれでも実績がない。それでも利己的ではない目標に向かって努力を続けていれば、人は集まってくる。まずは勇気を出して、自分で飛んでみることが大切である。

ルール8 部下の感情に最大限配慮する

豊田式汽力織機を完成させた佐吉は、スポンサーの石川と合資会社を設立する。それまでも自分の発明品で二度事業を興しているが、いずれも失敗している。今回が、三度目の正直だ。

動力織機は、佐吉が長年取り組んでいた発明テーマだけあって、市場の評判は良かった。それに目をつけたのが三井物産だ。佐吉の動力織機で作った織物が上質であることに気づき、動力織機の販売を買って出たのだ。これを機に動力織機は全国区となり、佐吉は新たに三井物産と会社を設立することになる。

ただ、先に述べたように、この会社での佐吉の立場は技師長であり、何でも好きにできるというわけではなかった。

たとえば外国人エンジニアの招聘《しょうへい》がその一つだ。佐吉は織機の鉄製部分を改良するため、東京にいたイギリス人の大学教授を引き入れた。月給は自分と同じ額の五〇〇円。ところが、招聘話が進んでから経営陣がノーを突きつけ、給料は半分しか払えないと言い出した。

このままではイギリス人がへそを曲げてしまう。困った佐吉は、自分の給料の半分をイギリス人に払うことで解決した。このように人を一人雇うにも不自由な有様だった。

実はこのエピソードの面白さは、その後にある。

給料が半分になって、佐吉の妻、浅子が怪しんだ。どこかに愛人でも囲っているのではないかと考えたのだ。そこのことを問い質《ただ》すと、佐吉はこう答えた。

「俺はこの頃男の妾を持つたよ。それも西洋人でな」（『豊田佐吉傳』）

驚く浅子に種明かしをした後、次のように続けた。

「一体、人を使ふには、その人の感情を傷けないようにしてやらなければいかん。さうでないと本当の仕事は出来ない。だから自分は感情を傷けてまでも、人を酷使するとか、吝《けち》なことをするくらゐなら、使はない方がよいと思つてゐる……」（『豊田佐吉傳』）

仕事の質を高めるために、従業員の感情に最大限配慮する。私はこの態度に、トヨタの家族主義経営の源流を見た気がした。

最近の経営者は、CEOと横文字で呼ばれ、高額報酬をもらうケースが珍しくない。優秀な人が高額報酬を得るシステムは理に適っているが、それも程度問題で、現場との格差があまりに大きいと、社員の不満がたまって生産性が下がる恐れがある。

給料の額は別にしても、トップが従業員のために身を削る覚悟を見せたほうが、おそらく現場の士気は上がるはずだ。経営者としては特別な才能を発揮したわけではない佐吉も、リーダーとして立派な心得を持っていたといえる。

私がさらに感心したのは、それに対する夫人の反応だ。

「よいことを為されました。結構なことでございます」（『豊田佐吉傳』）

これはなかなか言えるセリフではない。ようやく安定的な収入が手に入ったのに、夫は他人のためにお金を使ってしまう。普通の家庭なら、夫婦喧嘩《げんか》のきっかけになるところだ。それをあっさり認めるどころか褒めちぎるのだから、佐吉にとってこれほど心強いパートナーはいないだろう。

余談だが、私はこのエピソードを聞いて、昔話の「笠地蔵」を思い出した。町に笠を売りに行ったおじいさんが、途中で雪に埋もれかけていた地蔵を見つけ、商品の笠を被せて帰ってきてしまう。それを聞いたおばあさんは、怒るどころか、ほんにいいことをなされましたなぁと、おじいさんの善行を讃《たた》えた。まさに佐吉夫婦にそっくりだ。

このように同じ価値観を持つパートナーがいると、自分は心おきなく自分の判断を信じて仕事に打ち込める。仕事と人生のパートナーは、けっして別世界の話ではない。

ちなみに浅子夫人は、佐吉の工場で、経理をはじめ事務を一手に引き受け、従業員の賄《まかな》いも作っていた。佐吉の成功の裏には、パートナーの内助の功があったことは間違いない。

ルール9　俗業はあくまで俗業と割り切る

発明に理解のない経営陣との衝突から、結局、佐吉は追いやられるようにして会社を去った。経済的にも困窮《こんきゅう》して失意の中にいたが、知人の誘いもあってアメリカへと出発。外国製織機から、さらなる発明のヒントを得るための視察旅行だ。

しかし、すでに性能の良い動力織機を発明していた佐吉には、参考になるようなものは何一つなかった。ただ一つ、影響を与えたものがあるとしたら、それはニューヨーク在住の高《たか》峰譲吉《みねじょうきち》博士との出会いだったろう。

高峰博士はアドレナリンを発見した科学者として世界的に有名だが、渡米前は、日本初の科学肥料会社である東京人造肥料会社（現・日産化学工業株式会社）の経営者でもあった。余談だが、同社の株主は前章で紹介した渋沢栄一で、渋沢は博士の渡米を強く慰留《いりゅう》したという。

佐吉は事業家でもあった高峰博士から、発明の苦労話をいろいろと聞いて共感を覚える。かつては高峰博士も、利益重視で科学に無理解な人との軋轢《あつれき》を経験していたのだ。しかし、高峰博士は佐吉をこう諭した。

「僕の考へでは、発明を完成するには、発明家が最後まで離れてはいけないと思ふ。発明品を商品化し、実用化するのは発明家の責任である。これならば社会へ出して使用せしめて大丈夫であるといふ見込みのつく迄、発明家は発明品から離れてはいけない。つまり卵や雛のうちに、人手に渡したりするから、途中で死んだり、不具者になつたりするのである」（『豊田佐吉傳』）

冒頭で品質試験を自腹で行ったエピソードを紹介したように、もともと佐吉は自分の発明品を実用化までしっかりフォローしたいという意思を持っていた。自らの発明標語として、

「完全なる営業的試験を行ふにあらざれば真価を世に問ふべからず」（『豊田佐吉傳』）というスローガンを掲げていたくらいだ。ただ、経営陣の衝突の中で迷いも生じていたのだろう。高峰博士のアドバイスを聞いて、発明家としてのアイデンティティを取り戻し、改めて自分の信念を心に刻み込んだのだった。

発明家が最後まで責任を持つには、自分で会社を興すしかない。そう思い至った佐吉は、帰国後、自力主義に転じて豊田自働織布工場を設立した。こんどは自分の経営なので、思い切り発明に打ち込めた。伝記には、当時の様子がこう綴《つづ》られている。

「朝は誰よりも早く起きた。まづ研究室へ入つて頭脳を整理した。作業中は運転しつゝ、ある織機の間をかけ廻つて、微細な点にも注意を怠らなかつた。その注意の一つ〳〵が研究の資料だつた。夜は研究室に閉ぢこもつて、おそくまで考案に耽《ふけ》つた。家人も翁がいつ眠りについたか知らないほどであつた」（『豊田佐吉傳』）

このころは経営も自分でやらなくてはならず、会社員時代よりはるかに忙しかったはずだ。それでもまわりに気を使うことなく発明に打ち込めることが、よほどうれしかったに違いない。まさに不眠不休で精力的に働いた。

組織の中にいると、何かしらの制約を受け、自分のやりたいことができなかったり、力を発揮できないこともあるだろう。たとえば「実現させたい企画があるのに、会社の方針で却下された」、「同族会社で二代目が現場を混乱させている」といったケースだ。

こうしたケースに対処するには、組織の中で力をつけて裁量をつかみとっていく方法もあれば、佐吉のように独立して、組織そのものから離れるという選択肢もある。一概にどちらがいいとは言えないが、活き活きと働く佐吉の様子を読むかぎり、後者も悪くないという気がしてくる。

佐吉は自分の会社を興して裁量を手に入れたが、裁量には責任が伴うことを忘れてはいけない。好きな発明に打ち込むためには、研究資金をはじめ、従業員の給料も含めてすべて自分で稼ぎださねばならない。その意味では、本当に好きなことだけに打ち込めるわけではないのだ。

では、事業より発明が好きで、とくに商才に優れているわけではなかった佐吉は、どうやってお金を稼ぎだしたのか。

佐吉は自動織機の研究を進めるうちに、不具合の原因が、機械ではなく糸の品質にあることに気づいた。そこでまず自分で糸を作ろうと思い立ち、紡績《ぼうせき》業を並行させた。すると、第一次世界大戦の影響で、糸の価格が高騰。期せずして紡績業が繁盛《はんじょう》して、巨利を得ることになった。

その後も紡績業は、佐吉の重要な資金供給源となった。国内で成功を収めたあとは、上海にも進出。佐吉は一気に億万長者の仲間入りを果たした。

紡績業で成功したのは、運の要素もあった。第一次世界大戦が起きて糸が高騰したのは、佐吉の実力ではない。ただ、紡績業に進出したのは、佐吉が研究熱心で、既成の糸の品質の悪さに気がついたからだ。その意味では、日々の努力の結果が運を引き寄せたといえる。

むしろ私が感服したのは、紡績業が主たる収入になっても、本業である発明を忘れなかったという点だ。時代の波に乗っておいしい思いをすると、普通は当初の目的など忘れて、儲かるほうに集中したくなるものだ。それでも佐吉の軸はブレなかった。

佐吉は上海に渡った後も研究を続け、一九二四年には、無停止杼換《ひがえ》式豊田自動織機（G型自動織機）を完成させた。ライバルであったイギリスのプラット社も、この機械に世界一の評価を与えた。一九二九年には、特許権を同社に譲渡する豊田・プラット協約を結ぶ。これで紡績の本場イギリスでも、佐吉が考案した織機が普及することになる。外国に負けない織機を作るという夢は、ここに結実したのだ。

プラット社への特許権譲渡で生まれた莫大《ばくだい》な資金は、息子喜一郎によって国産自動車の開発に充てられ、現在のトヨタ自動車の源になった。もし佐吉が紡績業に夢中になって発明を放り投げていたら、トヨタ自動車も存在しえなかっただろう。

後年、佐吉はこう語っている。

「自力で発明を継続するために自分は紡績などといふ俗業に身を投じ、上海まで旅稼ぎに出かけた」（『豊田佐吉傳』）

紡績を「俗業」と言い切ったのは、紡績業を差別的に貶《おとし》める意図でいったのではない。佐吉にとって、発明以外の事業はすべて俗業であり、研究資金を得るための「発明のためのパン」であった。

このくらい強烈な目的意識があれば、環境がどのように変わろうとも、自分を見失うことはない。不遇の時期にもけっして挫けず、運が向いてきたときにも浮かれたりしない。こうした不動の軸を自分の中に持っていたことが、佐吉の最大の強みであったに違いない。

『豊田佐吉傳』には、興味深い点がある。本書では第一章でエジソン、第二章でカーネギー、第六章でフォードを取り上げているが、『豊田佐吉傳』に、それぞれの人物との共通点が語られているのである。

エジソンとフォードについては、二人の有名な言葉が佐吉の口癖にそっくりだったと指摘されている。『豊田佐吉傳』から、それぞれのセリフを引用しよう。

「発明はインスピレーション一分、九分は努力と根気だ」（エジソン）

「自分は決して人より余計に創造的智能に恵まれてゐるものではない。自分の研究発明はすべて努力の結晶である。世人はこの努力を買つてくれないで単に天才だといつて片付けて了《しま》ふのは、自分にとつて遺憾千万である」（佐吉）

「世の中には如何なることもできないといふことはあり得ない」（フォード）

「世の中のことで為し能はざることはない。出来ないのは為さないからだ」（佐吉）

このように並べてみると、たしかに同じようなことをいっている。佐吉が二人と同じ考え方を持っていたのは間違いない。

カーネギーについては、明確に意識していた。佐吉はアメリカ視察中に、カーネギーの会社で、一〇〇万ドル以上の資産を持つ社員が一〇〇人以上に達したという新聞記事を読んだ。これに大いに感動した佐吉は、さっそく社員を豊かにする計画を立てた。

「（前略）自己の部下にも十数年の間には、相当の資産を作らしめようとの計画を、その日ニューヨークの下宿屋で立案することを忘れなかつた」（『豊田佐吉傳』）

先に紹介したように、もともと外国人技師を雇うときに、自分の給料の半分を差し出したエピソードを持つ佐吉である。カーネギーのニュースに関しては、共感すると同時に、いい発奮材料になったのだろう。

いずれにしても、三人とそれぞれ似た部分があったという指摘は興味深い。たんなる偶然という見方もできるだろうが、私にはそう思えない。やはり事業を成功に導くには何らかのルールがあり、それが普遍的であるからこそ、太平洋を隔てた文化のまったく違う場所でも、同じように事業が成功したのではないだろうか。

成功を導くルールに、洋の東西は関係ない。佐吉はそれを証明してくれた人物であるのかもしれない。

豊田佐吉ルール

TOYODA RULES

- □ ❶ 発明良心に従う
- □ ❷ 他者とアイデンティティを共有する
- □ ❸ 「発明家魂」を持つ
- □ ❹ 理解するまで帰らない
- □ ❺ 悩むべき問題を常に持ち、熟慮断行する
- □ ❻ 公共心で逆境を乗り越える
- □ ❼ 憧れの矢となって飛び続ける
- □ ❽ 部下の感情に最大限配慮する
- □ ❾ 俗業はあくまで俗業と割り切る

第5章

小林一三ルール

KOBAYASHI RULES

写真提供：共同通信社

小林一三

1873年、山梨県生まれ。1892年、慶應義塾大学を卒業後、三井銀行(現・三井住友銀行)に入行。1907年、同行を退社し、箕面有馬電気軌道の創立に参加。専務取締役となる。その後、新線を敷設し、1918年、阪神急行電鉄と改称(1973年、現在の阪急電鉄に社名変更)。1927年、社長、1933年、会長に就任。この間、宝塚新温泉、宝塚唱歌隊(現・宝塚歌劇団)、阪急百貨店など、沿線に集客施設を次々と開発し、沿線開発と鉄道事業の相乗効果を得る私鉄経営のビジネスモデルを構築。1937年には、東宝映画(現・東宝)も設立した。1940年、第二次近衛内閣で商工大臣、1945年、幣原内閣で国務大臣兼戦災復興院総裁を務めるが、まもなく公職追放。追放を解除されると東宝に復帰し、社長となる。1957年、84歳で死去。

ルール1 看板の力を借りて自分を磨く

タカラヅカを生でご覧になったことがあるだろうか。

私は知人にチケットをもらって最前列で観た経験があるが、観劇の前に抱いていた「女性が男性の格好をするだけで、本当に面白いのだろうか」という偏見は、すぐに吹き飛ばされてしまった。よく訓練されたタカラジェンヌの表現力や、緻密《ちみつ》に計算された舞台演出は、まさに一級のエンターテインメント。女性のみならず、男性にも多くのタカラヅカファンがいることがうなずける出来栄えだった。

この宝塚歌劇団をはじめ、阪急電鉄や阪急百貨店、東宝など数々の事業を成功させた人物が、関西財界の重鎮《じゅうちん》、小林一三《こばやしいちぞう》（一八七三〜一九五七）だ。

巨大な企業グループを作り上げた一三が、他のコンツェルン経営者たちと大きく異なる点がある。財閥の経営者の多くは、元から家柄がよく、御曹司《おんぞうし》として幼いころから帝王学を学び、親の資産を引き継いで事業を興したり発展させていく。しかし、一三は違った。そうしたバックボーンがなく、一人で身を立てたのだ。

一三は一八七三年、山梨県韮崎《にらさき》の造り酒屋の分家の息子として生まれた。しかし、生後間もなく母親が亡くなり、婿入りしていた父親も離縁して実家へ戻ることになった。わずか一歳で孤児となった一三は、本家に引き取られて育てられる。

本家に居場所はなかったようだ。一三は本家の長男の娘を妹のように可愛がっていたが、あるときその娘から居候扱いされたことに腹を立てて言い返すと、長男からひどい仕打ちを受ける。後年、このときの様子を次のように振り返っている。

「いじめかえすと、そのお父さんが黙って私の耳を強く引っ張って憎々しく睨みつける。その眼の恐ろしさは今でも忘れることの出来ないイヤな思い出である。イヤなことだけが記憶にのこって、可愛がられて育ったことは覚えて居ない」（『わが小林一三』／阪田寛夫／河出文庫）

一三は本家から逃れるように上京し、慶應義塾大学に進学する。大学卒業後は、三井銀行（現在の三井住友銀行）に入行。財閥の御曹司が経験を積むために知り合いの会社で修業するケースとは、まったく違う。一三に戻る場所はなく、その意味では普通のサラリーマンと何ら変わりなかった。

当時の実業界では、何の後ろ盾もない人物がのしあがっていくことは難しかった。才覚や人格が考慮されなかったわけではないが、それ以上に家柄や出自がものを言う時代であった。

そのような時代において、いったいどうすれば周囲からの信用を得られるのか。私は一三のように、「慶應義塾大学」、「三井銀行」といった世間に通用する看板の力を借りることも選択肢の一つだと思う。

慶應義塾大学は、いま以上に光り輝くブランドだった。たんに学歴が高いという意味だけではない。創設者福沢諭吉《ふくざわゆきち》の実学を重んじる考え方が学風として根付き、実際に優れた人物を次々世に輩出していた。慶應の卒業生というだけで一廉《ひとかど》の人物として見做《みな》されるほど、信用力があったのだ。

就職先の三井銀行も同様だ。文学青年で、もともとは新聞社志望だったが、就職に失敗。銀行に入行したのは、やむを得ずの選択だった。

当時の三井銀行では、新人を本店で四、五カ月勤務させた後、地方へ転勤させるのが習わしだった。最初の配属先は大阪支店だったが、そのころの大阪は「大阪－《マイナス》花街＝ゼロ」といわれるほどお茶屋遊びが盛んな街。その環境が遊び盛りの若者の心に火をつけたようで、一三はしだいにお茶屋に入り浸るようになった。

しかし、お茶屋は現金払い禁止で、普通は信用取引の口座を開かないと遊ばせてもらえな

やむを得ず
うちの会社に入ったんだってネ
期待してるよ…

い。一般の若者にはまず手の届かない遊びだったが、三井の信用力は大きく、三井と取引のあるお茶屋ならお金がなくても遊ばせてくれた。次項で紹介するが、一三はそこでさまざまなことを学び、のちの事業に役立てている。いわば三井の看板を活用して経験を積んだわけだ。

実績のない若い人が、「まだ何も結果を出していないが、自分を信用してくれ」と言っても、まわりはそう簡単に認めてくれない。

しかし、信用力のある集団に属せば、その集団の信用力を一時的に活用することができる。その間に個人として能力を高めたり実績を積めば、今度は能力や実績が新たな信用を呼び込んでくれる。看板を利用することに、負い目を感じる必要はまったくないのだ。

もちろん看板に頼りきりで、何一つ中身を磨かないという態度ではいけない。世間で学歴主義が批判されるのも、いつまでも出身大学を拠り所にして努力しないビジネスマンがいるからだ。

かといって、こうした看板を一切排除する風潮にも疑問を感じる。最近は採用試験で大学名は一切見ずに、能力だけで評価するという企業が増えているが、経験を積む場を十分に与えられていない若者の能力を、はたして本当に見極めることができるのか。それができないまま看板の価値を否定するのは、かえって非効率的な面もある。

そもそも看板の力を利用する資格は、入学試験なり就職試験なり、一定以上の努力をしてきた人だけに与えられる。その意味では人を見極める判断基準の一つになりうるし、頭ごなしに否定すべきではないと思う。

看板を背負うチャンスを与えられた人は、それを踏まえたうえで活用すればいい。**看板は万能ではなく、いずれは自分の実力を問われるときがくる。その実力を身につけるために、看板を最大限に利用する。それが看板との正しい付き合い方だろう。**

ルール２　遊びから学ぶ

普通のサラリーマンといっても、慶應義塾大学から三井銀行ならエリートではないか、と思う人もいるだろう。しかし、経歴だけで仕事一筋のエリート銀行マンを想像してはいけない。実はその逆で、一三はダメ社員のレッテルを貼られた要注意人物だった。

一三は入行自体、同期から遅れている。一二月に大学を卒業して一月から働き始める約束をしていたが、一三は熱海で静養していた友人のお見舞いにいったきり東京に戻らず、結局、四月から働き始めた。いまの時代なら完全にクビだ。

先に紹介したお茶屋遊びも度を超えていた。もともと一三は学生時代、新聞に連載小説を持っていたほどの文学青年で、芸事には人一倍の興味がある。そんな若者に花街という環境を与えたら、水を得た魚のように遊びまくるのも無理からぬことだろう。

しかし、遊び呆《ほう》けるだけで終わらないのが一三の長所だ。夜な夜なお茶屋に繰り出しながらも、そこで将来のビジネスの糧となる知恵をしっかりと学んでいたのだ。

道頓堀浪花座《どうとんぼりなにわざ》の老座主に呼ばれて、芝居見物にいったときの話だ。老人は二階の桟敷席の末端に陣取って、舞妓をはべらせながら舞台を背にして座るのが常だった。なぜ芝居見物にきたのに、舞台のほうを向かないのか。不思議に思って尋ねると、大先輩はこう教えてくれた。

「興行というものは舞台の上の役者の芸を見ていると失敗をする。この芝居が面白いか、当るか当らぬかは、二階の一番奥のお客様の様子をジッと見ていると、間違いのない結論が出て来るものだ。あのお客様たちがほんとうの芝居好きで、彼等が他を顧《かえり》みている時は、必ず損だよ」（『小林一三　逸翁自叙伝』／日本図書センター）

「役者の声色は、私がこう後向きになって天井を見ていても、隅から隅まで聞えるその口《こう》せ

遊びのなかに
学ぶも入れたぞ
遊
nisuke

き（引用者注：せりふ回しのこと）のいかんによって、彼らの伎芸を判断し得るものである。これは声が高くても、大きくても、ただそれだけでは駄目だ。細くても、小さくても、低くても、聞える口せきの役者は必ず出世する。そういう役者は芸も必ずウマクなる」（『小林一三　逸翁自叙伝』）

のちに宝塚に劇場を建てたとき、一三は二階A列0番の椅子二脚を定席にした。この席は、右隅最前列、つまり振り返ると、お客の表情がよく見える席だ。一三はこの席に座り、幕が開くまで客席のほうを向いて観察していた。この習慣は、老座主から学んだことがもとになっているに違いない。

一三は、このように遊びの中でも、達人がさりげなく漏らした知恵をしっかりとキャッチするアンテナを張っていた。まさに遊び上手は学び上手でもあるのだ。

遊び盛りの若いビジネスマンなら、オフタイムは何も考えず遊びたくなるものかもしれない。それに待ったをかけるつもりはない。ワークライフバランスを考えれば、ガチガチの仕事人間になるより、オフはオフで思い切り遊んだほうがむしろ健全だ。

ただ、たんにストレス発散のためだけにオフを過ごす人と、一三のように、好きな遊びをしながら何かの知恵を学ぼうとする人では、結果的に仕事力でも差がつくことになる。

遊びを遊びで終わらせるのか、それとも仕事や人生を豊かにする学びの場とするのか。それは本人しだいだ。

ルール3 平凡主義

一三がダメ社員のレッテルを貼られたのは、お茶屋遊びだけが原因ではない。大阪の政財界の要人と交流できるお茶屋遊びは、情報が命である銀行業にとって仕事の一部でもあったからだ。

それ以上に一三の評価を悪くした要因の一つが、若い恋人の存在だった。当時、一三は二三歳で、恋人は一五歳。まわりが眉をひそめるほど頻繁《ひんぱん》に下宿に出入りしていたため、とうとう名古屋へ左遷《させん》されてしまったのだ。

ところが、転勤しても恋人との関係は続いた。

「(前略) 実は一度は絶縁すべく大決心をした彼女に対して、未練にも綿々たる恋文を書く。土曜日、名古屋発午後五時の急行の汽車は夜十時に大阪に着く。月曜日の午前中に名古屋に帰って知らぬ顔をして出勤する。送り狼という諺《ことわざ》があるが、私達は狼でも狐でも何でもよい、送ったり送られたり行きつ戻りつ、ただ逢瀬を楽しんで暮らして居った」（『小林一三　逸翁自叙伝』）

このようにあまりに出入りが激しいので、ふたたび大阪支店に戻ることになったときも、身を固めることを条件にされたほどだ。

一三は反省してお見合いで別の女性と結婚することになり、ようやく大阪支店に戻ることを許された。しかし、恋人と別れることができず、帰阪三日目に新妻に離縁されてしまう。ここまでくれば、もう決定的だ。「新妻を追い出したひどいやつ」という評判が行内に広がり、なんと新聞の記事にまでなってしまった。

のちにその恋人と結婚して女性関係は丸く収まるのだが、一度貼られた素行不良というレッテルは簡単に剥《は》がせない。普通なら、そこで出世をあきらめてもおかしくない。

しかし、一三は違った。当時の心境を自伝にこう綴っている。

「（前略）銀行内における私の素行は、極端に非難されて、その不安の念を拭《ぬぐ》い得ないのに、長く苦しんだ。これは結果において屈服せしむるより外に途《みち》はない。それには恪勤《かっきん》精励、日常の生活において信頼を得るより外に途はないと決心した」（『小林一三　逸翁自叙伝』）

実際、その後は人が変わったように真面目に働いた。大好きだったお茶屋遊びもやめて、

「平凡なる朝夕はただ平和なる家庭の楽しみのみであった」（『小林一三　逸翁自叙伝』）というから、その豹変《ひょうへん》ぶりにまわりも驚いたはずだ。

もともとアイデアマンだったので、仕事に真正面から向かい合えば、面白い企画もどんどん湧いて出てくる。

一三は交友関係を活かして、新聞にも載らない関西財界のニュースを集めて、週報として本店や各支店向けに配布した。それが本店の重役の目に留まり、評価が急上昇。住友銀行からスカウトされるという噂が流れたときも、知人から「ようやく三井で認められるようになったのだから、いま動いては損だ」と慰留されるほどになった。まさにドン底からの大逆転である。

仕事でもプライベートでも、失敗とは一切無縁だという人はいないだろう。ときには二度と立ち直れないような失敗をすることもあるはずだ。

そんなときに「地道に頑張れば、いつか努力が実る」とアドバイスをしても、当たり前すぎて現実感がないかもしれない。しかし、実際に一三は地道な努力を重ねることで信頼を取り戻し、左遷も経験したダメ社員から、歴史に残る実業家まで上りつめた。

一三は後年、こう書いている。

非凡なお方じゃ…
いつまでも平凡でありますように…

「私は常に平凡主義という事を言っておりますが、平凡な事を課して、それが完全に実行される人ならば、将来見込みがあると考えております」（『私の行き方』／小林一三著／ＰＨＰ文庫）

「平凡な事を行ったのでは認められないと思う者もあるだろう。しかし、それは間違った考えである。**平凡な事を繰り返し、一年二年三年と行っているうちに、必ず使う者から認められて、出世の緒が開かれるのである**」（『私の行き方』）

当たり前のことを心に決めて、本気で実践する。それができる人だけが、復活の切符を手にすることができるのだ。

ルール4　自分を高く評価してくれる人を意識する

ところで、なぜ一三は若い恋人と別れることができなかったのか。実はそこに一三が成功した秘密があった。

恋人の名は、コウといった。一三は会社で評価されずに気分が落ち込むと、コウの顔を見ることにしていた。

「こういう場合には、私はいつも愛人の顔をぬすむように見る、『わたしを妻にする旦那様は、必ず出世する』という堅い堅い信念に生きている彼女は、私が初めて遇ってから一ケ月とたたぬ中に、何かの機会で静かに語ったことがある」（『小林一三　逸翁自叙伝』）

コウが幼いころ、行者が彼女の人相を見て、母親に「百万人に一人といない幸運の男の妻になれる。大切に育てなさい」と告げて立ち去ったことがある。母親からこの話を聞かされ育ったコウは、自分が見込んだ男は必ず大物になる、つまり一三は将来必ず成功すると信じていた。一三は、逆境に立たされるたびにこの話を思い出し、コウから離れがたくなっていったのだ。

このエピソードだけ取り出すと、いささかオカルトめいた印象を与えるかもしれないが、**私は自分を高く評価してくれる人のそばにいることに大きな意味があると思う。**

結婚相手は、容貌《ようぼう》や性格、収入、身長や趣味など、さまざまな条件を総合して選ぶのが普通だろう。それらは生活していくうえで大切なことだが、もしもう一つ条件を加えるなら、「自分を伸びると信じてくれていること」を付け加えることをお勧めしたい。

人は、身近な人から期待をかけられると、自然とその期待に応えようとするものだ。あからさまな期待はかえって重荷になることもあるが、コウのようにさりげなく、しかも揺るぎなく信じてくれていると、期待が前に進むための原動力になる。一三はそれを直感的にわかっていたからこそ、コウと別れず、最終的に人生のパートナーに選んだのではないだろうか。

こうした関係は、ビジネスでも変わらない。

部下のことをまったく信用していない上司と、自分のことを買ってくれている上司では、どちらの上司の下についたほうが成長できるだろうか。反骨精神で伸びる人もいるが、おそらくたいていは後者だろう。叱られたあとに、「期待しているからきつく言うんだ」と一言添えられただけで、頑張る気になったという経験のある人は、けっして少なくないはずだ。

結婚相手や上司でなくてもいい。気分が落ち込んだときは、親や友人、同僚や取引先など、自分は伸びると信じてくれている人の存在を意識してみよう。それが逆境の中でもモチベーションを維持するコツだ。

ルール5　好機が来るまでじっと我慢する

一三は地道な努力で信頼を取り戻し、ついに東京の新支店の支配人に栄転する話が持ち上がった。ところが、急転直下、そのポストには別の人物が就くことになり、一三は東京本店調査課へと配属された。調査課の上司が行内の派閥争いに敗れたこともあり、「(前略)食うに困らないと言うだけで、何ら希望も野心も持てない不愉快の時代を辛抱せざるを得なかったのである」(『小林一三　逸翁自叙伝』)

と、ふたたび不遇の時代を過ごすことになった。

しかし、三四歳のときに転機が訪れる。三井銀行を退職して大阪で北浜銀行を設立していたかつての上司、岩下清周《きよちか》に、日本初の証券会社の設立の話を持ちかけられて、新会社への転職を決めたのだ。

しかし、ここでもスムーズにはいかなかった。証券会社は、既存の株式仲買店の株を買い取って進められるはずだった。ところが、運命のいたずらか、日露戦争後に高騰を続けていた株式市場が、一三が大阪に到着した日に暴落。その混乱が長引いて株式仲買店の買収話は立ち消えになり、新会社は幻と消えてしまった。

救いの手はすぐにあらわれた。窮状を見かねた知人に推薦されて、阪鶴《はんかく》鉄道の重役に就任。当時、阪鶴鉄道は箕面《みのお》有馬電気軌道の設立を予定していたが、株式の引き受け手がなく、事業計画は頓挫していた。そこで一三は自ら株式の一部を引き受けることにして、新たに箕面有馬電気軌道を設立。それが、のちの阪急電鉄になった。

ここまでの流れを見ればわかるように、一三は自ら積極的に行動を移して経営サイドにシフトしていったわけではない。**まわりから指名を受けるまで動かず、人に必要とされていることを確認してからアクションを起こしたのだ。**

このスタンスこそが、一三の成功の秘訣だった。

転職や独立を思い立つと、勢いに任せて実行に移したくなる人もいるだろう。ただ、「この会社では自分の力を発揮できない」、「事業を興したい」という気持ちだけで行動すると、失敗する場合が少なくない。思いが強すぎて周囲の状況が見えなくなり、本当は機が熟していないのに先走ってしまうことが多いからだ。

一方、一三は感情だけでは行動に移さず、人に請われてからはじめて行動を起こした。東京での不遇な時代を、一三はこう綴っている。

「（前略）私には大阪以来の関係で、とても上進の見込はない。何とかして好機会をつかんで、飛び出すより外に途はないものと覚悟して居ったのである」（『小林一三　逸翁自叙伝』）

一三にも銀行を出たいという思いはあった。しかし、それでも好機会が訪れるまで、じっと我慢していたのだ。同じ思いを持っていたとしても、チャンスが訪れるまで待てるかどうか。その辛抱強さが明暗を分けるのかもしれない。

ルール6

必要性から出発する

一三は人の要請があるかどうかで自身の身の振り方を考えたが、このルールを事業にも適用していた。

鉄道事業に乗り出すと、山と川しかない沿線に人を集めるために、大規模な宅地開発を行って住宅の分譲を始めた。一括払いでは普通のサラリーマンは手を出せないので、日本初の住宅ローンを分譲住宅につけて販売した。

また休日の乗客数を増やすために、動物園や温泉などのレジャー施設を沿線に作った。宝塚歌劇団の設立も、その一環だ。さらに世界初のターミナルデパートとして、梅田駅に阪急百貨店をオープンさせた。

郊外にマイホームを持ち、週末はファミリーでレジャーやショッピングにお出かけするという戦後中流階級のライフスタイルは、一三が基礎を作ったといってもいいだろう。

このように一三は新しいビジネスを次々に生み出したが、「はじめてのことをやってやろう」、あるいは「こういう理念を実現させたい」といったアイデアや理念を先行させるタイプではなかった。事業に対する思いを質問されて、次のように答えている。

「何も理想があった訳ではない。ただ飯を食うためにやったので、その会社をより良くするのには、どうしたら良いかということに、最善の努力を尽くしただけの話です」（『私の行き方』）

つまりアイデアや理念ありきで事業を展開したわけではなく、必要に迫られてアイデアをひねり出しただけなのだ。

宝塚歌劇団が女性だけで構成されている理由も面白い。実は一三の頭の中に、「女性によ る良質なエンターテインメントを作りたい」という高邁《こうまい》な理想はなかった。前身となる宝塚唱歌隊に男性を入れなかった理由について、一三はこう書いている。

「ただ経費の一点と、少女達を囲む若い男の世界が危険であることと、そのオテテコ芝居めいたオペラが想像し得なかったから、一番無事で既に売込んでいる三越の少年音楽隊に競争しても、宝塚の女子唱歌隊ならば宣伝価値満点であるという、イーヂーゴーイングから出発したものであった」（『小林一三　逸翁自叙伝』）

何のことはない。そもそもは施設の経費抑制と、品行上良からぬトラブルを避けるためにやむを得ず女性限定にしたのであり、結果として他の音楽隊との差別化になれば、という発想だったのだ。

前項で好機会が訪れるまでむやみに動かない一三の慎重さを紹介したが、そこに必要性から出発する発想が加われば、鬼に金棒。大きな失敗は、まずおかさない。

こんなエピソードもある。宝塚歌劇団が地元で成功した後、勢いで東京に進出する話が持ち上がった。しかし、すぐにはゴーサインを出さなかった。アメリカやヨーロッパの劇場を視察したり、小さな劇場で実験をするなど、一〇年以上の歳月をかけて研究を続けて、それでもなお動かず、潮が満ちたと判断したときにようやく日比谷に東京宝塚劇場（現在の東宝）を作った。東京宝塚劇場の成功は、一三の堅実さの結晶といえるだろう。

なかにはアイデアの斬新さだけで成功をおさめる人もいるかもしれない。しかし、アイデアの目新しさだけでは確実性がない。実際、一度は成功しても、二の矢を継げずに苦戦するベンチャー企業は少なくないだろう。事業を継続して成功させるには、一三のように必要性から発想を始めて、タイミングを見計らって実行に移すことが重要なのだ。

ルール7 若いころは他力、経験を積んだら自力

一三のビジネス人生は、どちらかというと「自力」よりも「他力」だった。たとえば人から請われてから動くというルールも、「他力」の一つであり、それが一三に成功をもたらしたことは間違いない。しかし、他力にまるっきり依存するようになると、それはそれで危うい。良くも悪くも、他人に左右されてしまうからだ。

その意味で、一三が一皮むける事件があった。一九一四年に起きた北浜銀行事件だ。

箕面有馬電気軌道の初代社長であり、一三の恩人でもあった岩下清周が、北浜銀行の破たんに伴う疑獄事件で逮捕された。岩下は関西財界の主要人物であり、彼の世話になった人も多かった。ところが、周囲の反応を見て一三はショックを受ける。

「その時に岩下さんには随分いろいろと厄介になっておった人達が、北浜銀行の事件の内容についていてかにも自分だけが良ければいい、岩下はどうなってもいいというような考えで動き、かつての恩義などは忘れている」（『私の行き方』）

この様子を見て、ある決意をする。

「それで僕は非常に人間というものは、どうもいざとなると頼み難いものだ。実に薄情なものだ。こういう世の中と知ったら僕は俯仰《ふぎょう》天地に恥じず、どこへ行っても人を頼んじゃいかん。自分で自分の思うことを正々堂々とやるより行く道はないという事を考えた。それ以来、僕の人生に対する方針をすっかり自分で変えた」（『私の行き方』）

つまり世の中の薄情さを目の当たりにして、「他力」から「自力」へと方針転換したのだ。

失望したくないなら最初から信じないという考え方に、どうも馴染めない人もいるだろう。しかし、人間関係に過度に依存すると、どうしても自分の行動に甘えが出たり、相手が期待に添えない行動をしたときに怨《うら》みがましい気持ちが湧いてくる。そうなると自分やまわりの人にとっても、いい影響を及ぼさない。一三が自力へと軸足《じくあし》を移したのは、むしろ人として健全ではないだろうか。

ただし、このような人間関係の距離の取り方を身につける時期には注意が必要だ。

私は少なくとも二〇代は、「他力」に軸足があってもいいと考えている。経験をそれほど積んでいない時期に、人をまったく信用せず、すべてを自分で背負い込むのは負担が大きい。経験がないので判断を間違えやすいし、余計なところに神経をすり減らして仕事に集中できない可能性もある。

若い時期は、サラリーマン時代の一三のように、大きな判断は信用できる人に任せてしまえばいい。そのほうが目の前の仕事に全力投球でき、仕事力も身についていくはずだ。

しかし、ずっとそのままでは、甘えにつながったり人間関係を悪化させるもとになる。**人によってタイミングは違うだろうが、ある程度の経験を積んだら、自力で生きる覚悟を決める。**それが真っ当な成長過程だろう。

ちなみに北浜事件が起きて一三が自力でやっていく覚悟を決めたのは、四一歳のときだった。それより一〇年早ければ、一三はだれにも引き立てられることなく会社に埋もれていたかもしれないし、遅すぎれば事業で騙《だま》されて失敗していたかもしれない。このタイミングで腹を据えることができたのは、その後の一三にとって非常に大きな意味を持った。

ルール8　人に負けない得意分野を一つ持つ

一三の自伝には、創業当初と数十年後の決算書を見比べて、涙を浮かべるシーンが登場する。

「私は最近阪急三代目の連中から別記統計表を受取って、ジッと見詰めていると老いぼけた私のまつ毛に露が浮ぶのである」(『小林一三　逸翁自叙伝』)

頭の中では、開業時の苦労や事業を軌道に乗せた達成感など、さまざまな思いが駆け巡ったに違いない。ただ、私が関心をひかれたのは、一三のセンチメンタルな一面ではない。決算書の数字から、それらの思い出が蘇ってくるという感受性に驚いたのだ。

普通の人なら、決算書に並んだ数字を見てもピンとこないし、頭で数字の意味を理解するだけで精いっぱいだ。しかし、さすが一三は元銀行マンであり経営者。決算書を見れば、まるで数字が語りかけてきたかのように、中身を理解することができる。これも一三の強みの一つだったのだろう。

ただ、人には向き不向きがある。数字を読む力があればそれに越したことはないが、大切なのは、人に負けない得意分野を一つ持つことではないだろうか。

一三の場合はそれがたまたま数字だったが、特定分野の技術的知識でもいいし、業界の最新情報でもいい。とにかく一つ、これだけは誇れるというものを持つべきなのだ。一三自身もこう書いている。

「今日の社会ではなかなか成功が出来ないという事を聞くが、必ずしも成功の道がないと思われない。何かの方面において第一の人物になれば、たとえ無一文でも、事業でも何でも出来る。それだけの能力さえ持っておれば、人でも金でも先方から寄って来る。決して道がないという訳ではないだろう」（『私の行き方』）

まさしく一三の言う通りだ。ビジネスマンとして最低限必要な力を満遍《まんべん》なく身につけることも大切だが、弱点を克服するだけだと、平均点は高くなっても突出した部分がないため、その他大勢に埋もれてしまう。

しかし、多少足りないところがあっても、何か一つに秀でていれば、人の注目を集めやすく、チャンスが転がってくる可能性も高くなる。ステップアップを目指すなら、後者のほうが有利だ。

どんな集団であれ、一番になるのは大変だ。何しろお手本と同じことをしていたら、よくて一位タイ。単独トップになるには、身近なお手本以上のことを努力して学ばねばならない。しかし、それができたとき、きっと周囲はあなたを認めて頼るようになる。

そのレベルまで、自分の武器を磨き続けることができるか。

それが、まわりから一歩抜き出るための秘訣である。

ルール9

家族主義

一大企業グループを作りあげた一三が、もっとも熱心に取り組んだのは人材教育だった。

一三には、箕面有馬電気軌道を設立したとき、あわてて人を募集したが、優秀な人材が集まらず苦労した経験がある。そこで私費を投じて合宿所を作り、大学生や専門学校生を住まわせて教育を行った。

「(前略)それらの人達が十年を経た今日では、現にそれぞれ我が社の幹部を占めて、大いに働き、大いに役立ちつつあるという事は、自分としては前の苦しみとは反対に一番愉快とするところである」(『私の行き方』)

このような経緯で社員教育に熱心になったわけだが、注目したいのは、女子社員にも同様の熱心さで教育を行っていたことだろう。

いまでは男女機会均等が当たり前だが、当時、有名百貨店には男性用の寄宿舎しかなかった。女性社員の多くは寿退社《ことぶき》していくため、わざわざお金をかける必要はない、という考え方が支配的だったからだ。ところが、一三は異なる考えを持っていた。

「しかし、婦人の結婚期は次第に遅れ、ことに、生活のために働く婦人は、二十四、五歳くらいまでは結婚しないのが普通なので、十四、五歳頃から約十カ年間は働き得る訳ですから、決して、一時的な職業とはいえません。

そう考えると、男子の寄宿舎よりも、むしろ女子の寄宿舎が必要な訳で、女子店員としての訓練ばかりでなく、一家の主婦としての教育を授けてやらねばならぬ事を痛感しました」（『私の行き方』）

この一文からもわかるように、一三は女性店員に接客などを教えるだけでなく、花嫁修業までさせていた。そのせいか、当時の関西では、「お嫁さんを探すなら、阪急百貨店の女性店員の中から探せ」と言われるほど、阪急百貨店の女性社員は人気が高かったという。

価値観が多様化した現在から見ると、結婚を重んじる考え方については賛否両論があるかもしれない。しかし、女性はどうせ腰かけだから教育の必要はないという当時の他の企業に比べれば、ずいぶんと進歩的な考え方だったように思う。

むしろ現在からみた場合に光り輝くのは、社員の人生に責任を持ちたいという家族主義ではないだろうか。

昨今、派遣労働者の切り捨てが問題になっているが、一三はいずれ辞めていくだろう社員にも、次の人生に役立つような教育を実施していた。社員をたんなる労働力とみなし、必要がなくなったら切り捨てるだけの経営者とは、考え方が一八〇度違うのだ。

社員を大事にする姿勢は、社員の士気にかかわるだけでなく、信頼や品格といった企業イメージにもつながっていく。一三がどこまで意図していたのかわからないが、社員教育と家族主義が、当時の阪急ブランドのイメージ向上に大きく貢献していたことは間違いないだろう。経営者や起業を志している人には、ぜひ心に留めておいてもらいたいポイントだ。

ルール10 正直、礼儀、物事を迅速に正確に運ぶこと

一三が活躍した時代は、知識やスキルより人間性で仕事の能力が決まるという考え方が主流で、誠実さを重視する人材論はそれほど珍しくない。ただ、その中でも、やはり一三のこだわりぶりは突出していたように思う。

その背景には、サラリーマン時代に経験した大きな挫折があるのだろう。一三は仕事がデキる銀行マンだった。しかし、先に紹介したように、花街での遊びや女性問題でダメ社員のレッテルを貼られ、左遷も経験した。いくら能力があっても、信用を失ってしまえば意味が

ないことを、身をもって体験していたのだ。

一度失った信頼を取り戻すのに、一発逆転の奇策はない。

そこで一三は、信頼され続けるための三カ条として、「正直、礼儀、物事を迅速に正確に運ぶこと」というルールを自分に課して実践していた。

この姿勢は、経営者になってからも変わらなかった。それを端的に示すエピソードがある。

阪急百貨店は、「どこよりもよい品々を、どこよりも安く」をモットーにしていた。

ただ、それは自社の工夫で仕入れたり、製造した商品に限った話だ。たとえばどこにでも売っている一個五銭のキャラメルを、資本力に任せて四銭五厘で安売りするような戦略は、絶対に取らなかった。

というのも、百貨店がそれをやると、周辺の専門小売店が行き詰ってしまうから。

一三にとって、自分さえよければ他がどうなってもいいという商売のやり方は不誠実であり、**「心ある百貨店のなすべき道でない」**（『私の行き方』）ように思えたのだ。

地元のライバル店に情けをかけるなど、普通なら考えられない。しかし、この方針を貫いた結果、阪急の沿線は大いに賑《にぎ》わい、地元の住民たちにも愛されることになった。誠実な商売を続けることが、回り回って自社の利益につながったのである。

一三が創設した宝塚歌劇団のモットーは、「清く、正しく、美しく」だった。

これは理想の女性像を説いたものとして受け止められることが多いが、一三が掲げた「正直、礼儀、物事を迅速に正確に運ぶこと」というルールと、どこか似ている。

そう考えると、宝塚歌劇団のモットーも、本当は理想のビジネスマン像を示す標語といったほうが相応しい気がしてくる。

他力を頼ってであれ、自力であれ、一三が成功を果たした要諦《ようてい》は、結局のところ「清く、正しく、美しく」あったことだったのかもしれない。サラリーマンも経営者も、自らが「清く、正しく、美しく」仕事をしているかどうか、折に触れ自らを見つめなおす習慣を身につけるべきであろう。

小林一三ルール

KOBAYASHI RULES

- □ ❶看板の力を借りて自分を磨く
- □ ❷遊びから学ぶ
- □ ❸平凡主義
- □ ❹自分を高く評価してくれる人を意識する
- □ ❺好機が来るまでじっと我慢する
- □ ❻必要性から出発する
- □ ❼若いころは他力、経験を積んだら自力
- □ ❽人に負けない得意分野を一つ持つ
- □ ❾家族主義
- □ ❿正直、礼儀、物事を迅速に正確に運ぶこと

第6章

フォードルール
FORD RULES

写真提供：共同通信社

ヘンリー・フォード

1863年、アメリカ・ミシガン州生まれ。車両工場の見習い工などを経て、1891年、トーマス・エジソンが経営するエジソン照明会社の技師となる。1903年、フォード・モーター・カンパニー設立。1908年に発表した「T型フォード」は、安価でパワーのある大型車として大ヒットし、フォード社は全米一の自動車メーカーへと成長。その後も、世界初のベルトコンベア導入、ピラミッド型会社組織、1日8時間労働制の導入など、産業界に数々の革新をもたらした。1947年、84歳で死去。

ルール1 進路が見えたら、すぐスタートを切る

自動車に興味のない人には、フォード・モーター・カンパニーの創業者、ヘンリー・フォード（一八六三〜一九四七）の偉業はあまり知られていないかもしれない。ただ、フォードに乗ったことがなくても、ヘンリー・フォードが産み落としたものが、現代の私たちの生活に深く浸透していることは知っておいたほうがいい。

実は朝九時から夕方五時まで働く「一日八時間労働」は、フォードが考え出したシステムの一つだ。

私たちは、生まれたころから一日八時間労働に馴染んでいる。公共施設や企業の多くはこの時間を基本として仕事をしている。もちろん仕事が定時に終わらないこともあるが、それは時間外労働と呼ばれ、普通は残業手当がつく。

フォード以前の産業界は、一日八時間どころではなかった。産業革命のときには、大人はもちろん、子供が夜遅くまで働くことも珍しくなかった。フォードが自社の工場に一日八時間制を導入して成功を収めなければ、私たちは残業という概念すら持たず、延々と働き続け

ていたかもしれないのである。

いまやどの工場でも当たり前になった流れ作業の組み立ても、実はフォードが考えついたものだ。

それまでの工場は、固定された自動車のシャーシのあいだを作業員が移動していた。しかし、フォードは逆に作業員の場所を固定して、重たいシャーシのほうをベルトコンベアで移動させた。これにより作業効率が大幅に上がり、低コストの大量生産が可能になった。

フォードが考案した能率重視の生産方式は、社会に大きなインパクトを与えた。私は静岡の家具メーカーの家に生まれたが、思い返してみると、片田舎の小さな家具工場でも、同じような流れ作業で製品を組み立てていた。フォードの大量生産方式は、海を越えて世界に普及していたわけだ。

フォードがもたらしたパラダイムシフトに、批判的な人もいる。能率重視の大量生産方式は人間性を奪うという批判だ。たとえば喜劇王チャップリンは、映画『モダン・タイムス』で、工場でナットを締めるだけの流れ作業を行っていた男が精神を病み、人間性を取り戻すまでを喜劇として描いた。ズバリ、フォード生産方式への風刺である。

しかし、大量生産方式が、本当に私たちの心を貧しくしたのだろうか。フォードは次のように反論している。

「市街電車に乗っている従業員に聞けば、こんな話をしてくれるだろう。『ほんの二、三年前までは夜遅く、疲れきって帰宅したので、仕事着を着替える気力さえなかった。ただ食べて寝るだけだった。今では、工場で着替えをすませ、日のまだ高いうちに家に帰り、夕食を早くすませ、家族をドライブに連れ出している。かつてのあのひどい圧迫感はなくなった』と。

以前より多少は手際よく仕事をしなければならないだろうが、かつてのように際限なく、体力を消耗させる重労働はなくなったのである」(『藁のハンドル』/ヘンリー・フォード著・竹村健一訳/中公文庫)

つまり能率を重視したからこそ、一日八時間労働という形で労働時間の短縮が可能になり、人間らしい生活ができるようになった、というわけだ。

私もこの主張には大いにうなずける。仕事は楽だが、毎日遅くまで残業して家に帰れば寝るだけの生活と、仕事はハードだが、定時にスパッと終わって、好きな趣味や自己投資に時間を充てられる生活。どちらが自分らしくいられるかといえば、やはり後者だろう。能率と人間性は、けっして反比例の関係ではない。

現代のビジネスマンが、本当に能率的に仕事をして、なおかつ人間らしい生活を送っているかというと、疑問に思わざるを得ない部分もある。ただ、それはフォードの方針が間違っていたからではなく、百年経ったいまでも効率の重要性がまだ理解されていないからだろう。だからこそいま、フォードという人物に焦点を当てる意味があるのだ。

一八六三年、フォードはミシガン州デトロイト郊外の農場で生まれた。祖父はアイルランドからの移民で、父親の代には多少マシになっていたものの、けっして裕福とはいえず、フォードも子供のころから農作業の手伝いをしていた。

いまも昔も、親の背中を見て育った子供は、親と同じ職業を選ぶケースが多い。しかし、フォードは子供時代の農作業がきっかけで、別の道を思い描くようになる。

「当時、辛い労働には手作業が多く、どこでも同じであった。子供心にも、何かよい方法はないものかと思ったものだ。このことが私を機械工の道を選ばせた」（『ヘンリー・フォード著作集』／豊土栄訳／創英社・三省堂書店）

農作業は重労働であるわりに、生活は楽にならない。もっと能率的に成果を出すには機械化が必要で、ならば自分が機械を作ろう、と思い至ったわけだ。

その思いがより具体的になったのは、一二歳のころだ。郊外の町で、エンジンで動く車をはじめて目撃したことがきっかけだった。

「エンジンを初めて目にした時のことは、昨日のことのように憶えている。それは、馬が引いていない乗り物を乗り物として初めて見たものだ。それは元来は、脱穀機や製材機を動かすエンジンで、車台にエンジンとボイラーが乗っている簡単なもので、その後に水タンクと石灰車を引いていた。(中略) このエンジンこそ、私が自動車による輸送という世界に入る契機を与えたものだった」(『ヘンリー・フォード著作集』)

子供がエンジン車をはじめて見て興奮を覚えるのは、それほど不思議なことではない。とくに感受性が強くない人でも、最初に新幹線や飛行機を見たときには、大いに興奮したはずだ。ただ、フォードは、「すごい」、「面白そう」では終わらなかった。

「一二歳の時、道路上を走るエンジンを見た時から今日に到るまで、私の最大の関心事は、道路上を走る機械を作ることにある」(『ヘンリー・フォード著作集』)

つまりエンジン車と出合ったときに、自分が何の機械を作るべきなのか、もう悟ってしまったのだ。

自分の生涯をかけて取り組む仕事を一二歳で決めてしまうのは、早熟すぎる気がしないで

もない。ただ、早く進路を決めれば、それだけ準備も早くできるし、経験も長く積める。その道で熟達しようと思うなら、少しでも早い段階で決断することに越したことはない。実際、フォードはそのころからエンジンの研究を始めて、一六歳のころには、ウェスチング・ハウス社にエンジンの組み立て・修理の専門工として採用されている。

自分が本当に何に向いているのか、いろいろ経験してみなければわからないという人もいるだろう。たしかに幅広く経験を積んでから、一つの道を選択するという方法もある。しかし、やるべきことが明確に見えているなら、フォードのように脇目も振らず、いち早くスタートを切るのもいい。

まわりが動き出したときには、その時点で頭一つ二つ、抜け出しているはずだ。

ルール2　仕事人としての直感を大切にする

ウェスチング・ハウス社の代理店としてエンジンの組み立て・修理を始めたフォードだったが、一年でその会社を辞めている。せっかく多くのエンジンに触れる機会を得たのに、そのチャンスを手放してしまったのはなぜか。それは、ウェスチング・ハウス社で触れることができたのは、当時、動力として主流だった蒸気エンジンであり、フォードが研究したかったガソリンエンジンではなかったからだ。

「ウェスチング・ハウス社の代理店の仕事をして、蒸気エンジンは軽量の乗物には適していないという考えを再確認することができたが、その会社には一年しか勤めなかった。大型の蒸気トラクターやエンジンからは何も得る所がなく、そこから何も展開するものがないために、そこで時間を無駄にしたくなかった」（『ヘンリー・フォード著作集』）

蒸気エンジンを積んだ自動車は、重量が重く、大地主でもなければ買えないような高価なものだった。しかし、フォードが夢に描いていたのは、だれでも気軽に購入でき、移動手段として実用的な自動車だった。蒸気エンジンでは、理想の自動車は開発できない。そう見切りをつけて、ガソリンエンジンの研究に集中することにしたのだ。

ただ、専門家の論調は違った。当時、オットー・エンジンというガソリンエンジンが開発されていたが、だれもがこのエンジンには否定的だった。

「多くの識者達は、このガソリン・エンジンは、とても蒸気エンジンにはかなわない、という意見を断定的に言っていた。誰も、このエンジンが、これから世に出て行こうとは思ってもいなかった。それは、識者という人達は、非常に賢く、種々に細かなことを知っているために、可能でない点を決めつけてしまうし、その限界が判ってしまうのだ。（中略）しかし、彼らは、大変結構な多くの忠告をしてくれるが、それは、役に立たないものと私は信じている」（『ヘンリー・フォード著作集』）

フォード自身が専門家は賢く知識もあると認めているように、専門家たちの主張は、当時の理論に裏付けされている筋が通ったものだったのだろう。しかし、フォードは、そうした意見を「役に立たないもの」と切って捨てている。

どうしてフォードは、ガソリンエンジンこそ自動車に相応しいと信じることができたのか。技術的な根拠もあったに違いないが、それを支えていたのは、きっと〝手仕事による確信〟だったと思う。

フォードは幼いころから機械いじりが好きで、いつもポケットに機械のガラクタを入れて歩き、壊れた時計を見つけては修理に没頭していた。エンジンの組立・修理工になる前には、昼間は機械工、夜は宝石店で時計の修理の仕事をして、機械漬《づ》けの生活を送っていた。この時期に修理した時計は、三〇〇個に達していたという。

こうした手作業を積み重ねていくと、しだいに機械に対する直感のようなものが培《つちか》われる。簡単にいうなら、職人の勘《かん》だ。

職人の勘はときに論理的でないこともあるが、逆に論理で解き明かせない問題に対しては強い。

自動車にどのようなエンジンが向くのかという問題は、まだ実物で証明されておらず、本当はだれも正解を知らない。おそらくフォードがガソリンエンジンに固執したのも、膨大《ぼうだい》な量の手作業によって培われた直感が語りかけてきたからではないだろうか。

マイクロソフトの創業者ビル・ゲイツはコンピュータ少年で、高校生のころから自分でプログラムを作っていた。ゲイツはOS(オペレーティング・システム)に目をつけてウィンドウズを開発したが、そのアイデアは何も突然ひらめいたわけではない。プログラミングという手作業を積み重ねた結果、OSがコンピュータ業界で重要な位置を占めるという確信を得たわけだ。

手作業によって生まれる直感は、私たちの仕事にも役に立つはずだ。ビジネスは前例のない問題だらけだが、それでも答えを出さなければ前に進めない。そのとき頼りになるのは、仕事人としての直感だ。

ときには直感が、世間の常識と違う答えを指し示すこともあるだろう。それでも十分な手作業を積み重ねてきた自信があるなら、怯《ひる》む必要はない。苦労して積み重ねてきた手作業が生む直感は、きっとあなたを裏切らないはずだ。

ルール3 尊敬する人物にプレゼンする

実は当時の自動車開発には、蒸気エンジンかガソリンエンジンかという選択の他に、有力な選択肢がもう一つあった。それは電気である。

フォードはガソリンエンジンの研究を続ける傍《かたわ》ら、エジソン照明会社で主任技師として働いていた。その名前からわかるとおり、エジソンが創業した会社の系列会社である。

エジソン照明会社に勤めたのは、電気を学ぶためではない。研究資金を稼ぐためだ。この間、フォードはデトロイトで最初の自動車を試作して街の話題を集めるが、同社の社長から快く思われていなかったらしく、「君、これからは電気だよ。ガソリンなんて、それは駄目だ」(『ヘンリー・フォード著作集』)と苦言を呈されていた。

ただ、社長が偏屈《へんくつ》だったわけではない。当時は電気が将来の有力な動力として期待されていて、だれもがその可能性に夢を見ていた。いまでいうなら、インターネット全盛の時代にアナログな通信手段の研究をするようなもの。フォードが変わり者扱いされても仕方がない状況だった。

フォードはガソリンエンジンの可能性に自信を持っていたものの、電気礼賛《らいさん》の風潮に戸惑ってもいた。この時期の心境を、こう綴っている。

「私は正しい方向に進んでいると願っていたが、ある時は正しいと思い、またある時は自信が持てなかった」(『ヘンリー・フォード著作集』)

実はこの迷いを断ち切ったのは、電気を世に知らしめた張本人のエジソンであった。

フォードは系列会社が集まるエジソン会議というパーティーで、エジソンを見かけた。そこで電気自動車の可能性について議論されたとき、エジソン照明会社の社長に紹介されて、その日の夕食会でガソリンエンジンの仕組みについてプレゼンをした。

自身も含めて、まわりはみんな電気の関係者だ。その中でのプレゼンは相当に勇気が要ったはずだ。とくに相手はエジソンである。しかし、エジソンはフォードを質問攻めにしたあと、こう告げた。

「君、それだ。やったね。頑張りたまえ。電気自動車は発電所の近くでしか走れない。蓄電池は重過ぎる。蒸気自動車は、そのどちらでもないが、ボイラーと火気が必要だ。君の自動車は自給式だ。自分で動力を持ち、火気やボイラーの必要もなく、煙もないし蒸気も要らな

電気をやってたら
伝記には
ならなかったんだ…

い。よくやった。頑張りたまえ」（『ヘンリー・フォード著作集』）
この言葉で、迷いは消えてなくなった。
「エジソンの言葉を聞いて、世界中で最も偉大な天才から、私の考えている方向が正しいことと示され、突然、澄みきった青空が私の頭の中に広がった心地であった。世界中で最も電気について知っている人物が、電気式エンジンよりもガソリン・エンジンの方が、その目的に合っている、より長い距離を走れる、炭化水素を供給する場所があればよいのだ、と言ったのだ」（『ヘンリー・フォード著作集』）
フォードはこれで確信を強くして、ガソリン自動車開発に注力するために会社を辞めてしまうが、エジソンとはその後も親交を深めている。
電気を普及させるという立場を離れて、科学者の冷静な目でガソリンエンジンを評価したエジソンも立派だが、大人物を目の前にしても物怖《ものお》じせず、自分の主張を堂々と展開したフォードもまた立派だった。
実績の乏しい若い時期にキャリア豊富な人の前に出ると、知らず知らずのうちに萎縮《いしゅく》してしまうことがある。ただ、キャリア豊富な人の前で話すのは、自分を認めてもらう絶好のチャンスでもある。このチャンスを逃す手はない。

自分が尊敬する人物に認めてもらえれば、これほど心強いことはない。専門家の助言にも耳を貸さなかったフォードにとっても、世界一の発明家からのお墨付きは心の拠り所の一つになっただろう。

ルール4　事業は小さく始める

一八九九年、エジソンの会社を辞めたフォードは、投資家に誘われてデトロイト自動車会社を作った。株式も所有したが、立場は主任技師。トヨタグループの創業者、豊田佐吉と同じように、フォードも経営陣との意見の相違に悩んだようだ。

「大衆に売れるもっとよい車を作りたい、という私の考えは全く会社内では支持されなかった。会社は注文のあった場合に車を作り、できるだけ高値で売ることしか考えていなかった。私に技術者としての権限以上の力がないかぎり、単に金儲け主義の会社――尤《もっと》も金も儲けることとすらできなかったが――では、私にできることは何もないことが判《わか》った」（『ヘンリー・フォード著作集』）

フォードは、この会社も退職。レンガ造りの作業場を借りて実験を続けると同時に、事業について深く考えるようになる。そこで出た結論を、後年、次のように振り返っている。
「私の考えは当時も今も変わっていないが、よい仕事をすれば、それ相応の価値が決まり、利益や資金繰りといったことは、自然とそれなりにうまくいくもので、事業は小さく始め、その利益で成長していくべきもの、ということである。もし、利益を得られなければ、それは事業家にとって、時間の浪費であり、その事業に向いていないという信号なのだ」(『ヘンリー・フォード著作集』)
つまり、自分に向いた事業で良い仕事をしていれば、お金は後からついてきて、自然に事業も大きくなるという考え方だ。ごく当たり前のことのように聞こえるかもしれないが、これを逆に考えている事業家は案外多い。最初に大きな資金で事業を始め、それを元手に利益をあげるために仕事の中身や質を決める、という考え方だ。フォードは当時の風潮をこう嘆いていた。
「当然最も好まれたやり方は、できるだけ大きな資本金で事業を始め、売れるうちにすべての株や債券を発行することであった。(中略)関心は事業そのものではなく、株と債券にあった。新しい企業でも、古い企業でも、多額の債券利息に見合う製品を生産しており、適正価格で製品を販売することなどできるはずはなかった。(中略)多くの事業の失敗や奉仕の欠如はこの考え方にある。金だけでは何の価値もなく、金自身では何もできないのだ」（『ヘンリー・フォード著作集』）

多額の資金を調達すれば、債券を償還したり株主に配当を出すために、本来やるべき仕事が歪《ゆが》められてしまう。それが事業の失敗のもとだ、と考えたのである。

この指摘は、金融システムが発達した現在において、より重要な意味を持つ。いまでも「お金がお金を生む」という考え方で事業を展開するビジネスマンは少なくない。しかし、それが危ういものであることは、世界的な金融不安によって一気に露呈《ろてい》してしまった。

仮に事業を存続できたとしても、本業そっちのけで金策に労力を割かれる状態が、はたして健全といえるのか。それはお金に働かされているだけであり、事業本来の目的を達せられないのではないのか。

フォードはそう考えて、自分の身の丈《たけ》に合った資金で、一九〇三年、フォード・モーター・カンパニーを設立した。フォードの考え方は、もちろん現代の私たちにも役に立つ。お金を利用してビジネスを展開すると、いつのまにかお金に振り回されるのがオチである。**お金はあくまでも仕事の結果として生み出されるもの。この順番を間違えないようにしたい。**

ルール5 自己宣伝で潜在的な仕事を掘り起こす

フォードが自分の会社で目指したのは、まず自動車を大衆に知ってもらうことだった。というのも、当時、自動車は一部のお金持ちのおもちゃにすぎず、需要が極端に少なかったからだ。

自動車市場を作るには、まず自動車が便利な乗り物であることを世に知らしめる必要がある。そこでフォードは、レース用の自動車を開発してレースに出場し、自動車の認知度を高める努力をした。その一方で、自動車を大衆化するために、レジャー性ではなく実用性に重きを置いた宣伝活動を展開した。

当時の宣伝コピーを引用しよう。

「我々は、〝時は金なり〟という古い諺《ことわざ》を耳にしますが、この諺を心から信じて行動するビジネスマンや医者や弁護士といった専門業の人達は大変少ないのです。いつも時間が足りないと不平を言ったり、一週間が直ぐに経ってしまうと嘆いたり、また、五分間無駄にするのは一ドル札を捨てるようなものだと言ったり、五分間の遅れは大金の損失になると言う、そういう人達が、今だに市街電車という時間がでたらめで、不快な、限られた輸送手段に頼っています。良くできていて効率が良く、品質の高い自動車が、このような不安や時間の不正確さを解消し、自分の思うままに旅行できるという贅沢を可能にしてくれるのです」(『ヘンリー・フォード著作集』)

スポーツカーでレースに優勝するほど高い技術力を持った会社が、実用性の高い自動車を製造販売する。この打ち出し方が大衆の心をとらえて、最初に売り出したA型フォードは飛ぶように売れた。

こうした宣伝活動をする前に、「どんなモノが欲しいか」という消費者アンケートを取っていたら、「自動車」と答える人はおそらく皆無だったろう。**まさに宣伝が需要を喚起し、新しい市場の創出につながったのである。**

新製品開発では、とくに宣伝活動が重要だ。開発前に市場をリサーチして、ニーズの高い分野で開発するという方法もあるが、リサーチから読み取れるのは、消費者がすでに意識しているニーズが中心。リサーチから出発する方法では、失敗するリスクは小さいものの、新たに市場を創出することは難しいだろう。

この考え方を、ビジネスマン個人に置き換えても面白い。優秀なビジネスマンは、上司が何を求めているのかを考えて、それに応えようとして知識やスキルを磨いていく。それも大切なことだが、上司の期待に応えて仕事をするだけでは、それ以上の成長は望めない。一〇〇点ではなく一二〇点の働きがしたいと考えるなら、こちらから「〇〇の作業が得意です」、「△△の資格を持っています」とアピールすべきだ。それによって上司が新しい仕事を思いつき、いままで経験できなかった仕事を任せてくれるかもしれない。

このように潜在的なニーズを掘り起こしながら新しい仕事を獲得していけば、上司の顕在化したニーズに応えて働くだけの人より、多くの経験値が積めるし、上司からの評価も上がるはずだ。

ルール6 大切なルールは箇条書きにする

マイカーの調子が悪くなると、みなさんは自動車をどこで修理するだろうか。いろいろな選択肢があるが、困ったときはディーラーの系列のサービスステーションに相談する、という人も少なくないはずだ。

サービスステーションを考案したのは、フォードである。当時の自動車会社は、自動車を作って販売したら、あとはノータッチ。もし故障しても、メーカーは一切フォローせず、部品が不十分な地元の修理工場で修理してもらう他なかった。

お金持ちをターゲットにしているなら、それが買い替えの需要につながってよかったのかもしれない。しかし、フォードの目的は、自動車を大衆化させること。故障したら買い替えという状況では、一般大衆は手を出せない。そこでフォードは自動車を製造するだけでなく、サービスにも力を入れることにしたのだ。

具体的には、販売手数料で稼ごうとしていた販売代理店制度を改め、たくさん売らなくても生活ができる月給制に変えた。また、販売代理店教育にも力を入れて、九項目にわたる心得を徹底させた。とくに営業マンは参考になると思うので、九項目をそのまま引用しよう。

「一）常に積極的で、新しい知識を吸収すること。これが商売の可能性を高めることになる。

二）商売の場は常に清潔で、品位を保つこと。

三）自分の受け持ち地域でのサービスが十分できるように、また、修理の場合の部品交換が迅速にできるように十分な予備品を持つこと。

四）修理工場には必要な修理や調整ができるよう、適正な機械を備えておくこと。

五）メカニックはフォードの車の構造や操作法に十分なれていること。

六）十分な帳簿システムと販売のフォローシステムを持って、商売での金銭的な状況の把握と在庫数の状況や、顧客の現状や将来見込みについて直ちに明確にできるようにしておくこと。
七）事務所内は清潔にしておき、窓や床や備品が汚れていないこと。
八）適切なディスプレーをすること。
九）誠実な取引きに努め、高い商売倫理を持つこと」（『ヘンリー・フォード著作集』）

この販売代理店心得を読んで、当たり前のことが書いてあるだけだ、という感想を持つ人も多いだろう。

しかし、頭の中で大切さを理解することと、実際にこれらの心得をルールとして実践することは、まったく違う。上司から同じようなことを教育されていても、本当に現場で順守できているかと問われると、胸を張って答えられない人も少なくないはずだ。当たり前のルールを、いかに自分のものとして実践できるか。そこに優秀な人とそうでない人の差があるのである。

では、どうすれば、基本すぎて見過ごされてしまうようなルールを徹底できるのか。

二つの方法をお勧めしたい。一つはフォードの心得のように箇条《かじょう》書きにして、どこか目に見えるところに貼っておく方法だ。口頭や長い文章と違って、箇条書きは、そのままチェックリストとして活用できる。たとえば机にこうしたポイントを貼っておけば、目にするたびに「今日はこの項目が○で、あの項目が×」と自分でチェックができる。

もう一つ、ぜひお勧めしたいのは、自分の立場からこれらのルールを語る場を作ることだ。教育の現場で日々実感しているが、学生に重要な話をしても、黙って聞かせているだけではなかなか理解に至らないことが多い。たんに情報をインプットさせようとするだけでは、情報が右の耳から左の耳に流れてしまうのだ。

そこで私の授業では、前半は私が話して、後半はその内容を学生同士で再生させている。前半で私が話した内容をノートに書き留め、後半は二人一組になって、片方が話し、もう片方はノートを見て相手の話す内容をチェックするというやり方だ。

ぼんやり聞いているだけでは頭の中に入ってこない内容も、いざ自分でだれかに話すとなると、途端に定着しやすくなる。アウトプットを意識するからこそインプットも真剣になるし、実際にアウトプットすることで、頭に再インプットされるからだ。

大事にしたいルールがあれば、心の中に留めるだけでなく、ぜひ自分の言葉にしてアウトプットしてみよう。同僚や上司に話したり、ブログに書いてみるのもいい。いずれにしてもアウトプットすることで、大切なルールが身近なものになるはずだ。

ルール7 メカニズムで把握する

大衆車にこだわったフォードは、一九〇八年にT型フォードを発売した。T型は丈夫かつ軽量で、運転もしやすかった。また、修理や部品交換に特別な技術を必要としない設計で、熟練していない修理工でも比較的容易に修理ができた。

これらの点が評判を呼び、T型フォードは飛ぶように売れた。実用性の高い乗り物として世に普及させたいと考えていたフォードの思いが、ようやく結実したのだ。

フォードの挑戦はさらに続く。次に取り組んだのは、生産の効率化だ。

それまで自動車は熟練した機械工が一つひとつ組み立てていたが、それでは仕上がりにムラができるし、コストもかかる。そこにメスを入れることで、品質を高い水準に保ち、コストを削減して消費者に低価格で自動車を提供しようと考えた。この理想の実現に大いに貢献したのが、冒頭で紹介したベルトコンベア式の組み立て作業である。

ところで、フォードがベルトコンベア方式を思いついた経緯が揮《ふる》っている。

「この組立ラインは〝動く生産ライン〟の最初であろう。このアイデアは、シカゴの食肉出荷業者が食牛を解体する作業に用いていた頭上を走る架線から生まれたものだ」（『ヘンリー・フォード著作集』）

食肉工場では、牛をチェーンで吊るして移動させながら解体を行う。流れ作業で牛を手際よくバラバラにできるなら、逆に大きな機械を組み立てることもできるはず。フォードは、ビデオテープを逆回しにするように解体作業を見つめ、フォード方式とも呼べる生産方式を生み出したのだ。

フォードがこのような発想ができたのは、彼が機械工であることが深く関係しているように思う。

エンジニアは機械を一つひとつの部品の集合としてとらえて、全体のメカニズムを理解する。工場の生産方式も同じだ。**フォードは機械を見る目で食肉の解体工場をとらえ、そのメカニズムを理解して自社にも応用させた。**

これは一般のビジネスマンも大いに参考になるだろう。

私たちは、目の前の仕事の枠組みの中だけで物事を考えがちだ。しかし、外に目を向ければ、ヒントになる仕組みはたくさん転がっている。メカニズムを読み解こうとする意識がないから、それに気づかないだけだ。

たとえば仕事がデキる先輩を見て、「能力や経験が違うし、そもそも与えられている仕事も違う」と考え、最初から仕事を効率的にこなす仕組みを読み解く努力を放棄している人も多いはずだ。

しかし、それではいつまでも成長しない。結果を出している人や事業があれば、まずメカニズムを把握して、自分の仕事にも適用できないか考えてみよう。その気になれば、仕事のヒントはいくらでもまわりにあるのである。

ルール8 変化自体を習慣化する

フォードが推し進めた大量生産方式は、当初、現場の反対にあったようだ。工場で効率化提案をしたときの経験をこう綴っている。

「少ない動きと少ない疲労で作業を行おうとした時、それに反対したのは職工達であった。その検討が単に労力を減らす目的と判っていても、彼らを最も困惑させたのは、新しいやり方によって、それまですっかり馴じんだやり方が変更されることにあったのだ」（『ヘンリー・フォード著作集』）

　習慣とは恐ろしいもので、一度定着すると、それを変えるのに多くのエネルギーを要する。みなさんのまわりにも、本当は無駄なのになぜか続けられている習慣があるだろう。たとえば雑談に終始する会議を毎週のように開いていたり、個人レベルでも、もはやスケジュールが処理しきれていないのに、昔から使い慣れた手帳術に固執していたり。

　これらの習慣を始めたころには何らかの効果があったのかもしれないが、いつまでも同じ効果を得られるとは限らない。会社か自分が成長するにつれて効果が薄れてしまったり、形《けい》骸《がい》化《か》してむしろ仕事の足を引っ張っているケースも珍しくないはずだ。

　こうした意味のない習慣から抜け出すには、変化すること自体を習慣化するしかない。これを企業単位でやっているのがトヨタである。世界的に有名なトヨタのカイゼン活動は、現場で毎日反省会をして、無駄を省くための知恵を出し合う。まさに変化が習慣化されている例だ。

　ビジネスマン個人も、自分のやり方を定期的に見直す習慣をつけたほうがいい。毎日が無理なら、せめて週一回。自分の仕事の進め方に無駄はなかったかをチェックして、何か一つ改善することを自分に課すのだ。

ムシでさえ
変化してる…

いずれにしても、変わることを恐れてはいけない。むしろ怖いのは、変われないことだ。フォードはこう言っている。

「進歩と歩調を合わせて歩むほうが、進歩を妨げるよりも健康的である」（『藁のハンドル』）

環境は必ずいつか変化する。それに抗《あらが》って古いやり方に固執しても、何もいいことはない。変化に対応して改善していったほうが、人はずっと幸せになれるのだ。

ルール9　失敗事例に学ばない

フォードの工場では、失敗事例を記録して、次の開発の参考にするという手法を取らなかった。理由をこう説明している。

「我々の工場では、実験の記録を保存しないことにしている。職長や工場長が身をもってその状況を記憶しているし、もし、実験の結果が失敗で、その記録が保存されていれば、後の人は、それ以上追求することを止めてしまうものだ」（『ヘンリー・フォード著作集』）

つまり失敗事例と向き合うと、「どうせ無理だろう」という思いが湧いてきて、挑戦する意欲がなくなるというわけだ。

この指摘は非常に重要だ。普通は何かの問題にぶち当ったら、失敗事例を徹底的に研究して原因を突き詰め、改善しようとするものだ。強い意志の持ち主なら、それが真っ当な方法だろう。しかし、前項でも述べたように、人間は変化を恐れる生き物である。**ヘタをすると失敗事例が、変化しないことの言い訳として使われる可能性がある。**フォードはそれを恐れたのだ。

フォードが重用したのは、次のような人材だった。

「我社で仕事をやり抜く人間は失敗の前例を知らないか、あるいは、それを無視するタイプである」(『ヘンリー・フォード著作集』)

若いうちは、それでかまわないのではないかと私も思う。できないことを知ることも大切だが、それが仕事への意欲を失わせることにつながってしまうと本末転倒だ。若いうちは、多少、無謀なくらいでいい。出世して責任の重い立場になると、「失敗した前例を知りませんでした」という言い訳が通用しなくなるが、二〇代三〇代のうちは、物事を知らない無謀さが逆に強みになるケースも多いのだ。

上司から課題を与えられると、できない理由がすぐに思いつくという人は、あえて失敗事例から目をそむけてみよう。先入観をなくして、まっさらな状態で課題に取り組む。それが困難を打ち破るカギになる。

ルール10 二段構えで手を打っておく

T型フォードのヒットによって、フォード・モーター・カンパニーは莫大な利益を得た。普通の経営者なら、それでめでたしだったかもしれないが、フォードは違った。利益を溜め込むことをせず、販売価格の値下げと労働者の賃上げを断行したのだ。

フォードは発売当初八五〇ドルだったT型フォードを、四九〇ドルまで値下げした。ほとんど半値である。これによりさらに自動車が大衆化し、普通の人が自動車を手に入れられるようになった。

さらに画期的だったのは、それまで一日二ドルだった最低賃金を五ドルに上げたことだ。この賃上げは、労働者たちから賞賛を浴びる一方、他の企業の経営者たちから偽善だといって猛烈な批判を浴びた。批判の声に、フォードはこう答えている。

「多くの経営者達は、我々のこの発表は我社が儲かっていて、その宣伝のためにやったと考えていた。そして、世の中の標準を破り、従業員にはできるだけ少ない賃金を払えばよいという慣習をぶち壊した、といって我々を非難したものだ。しかし実際には、そんな標準だとか慣習など存在しないし、たとえあったとすれば取り払うべきなのだ。さもなければ貧困を解消することなど不可能なことだ」(『ヘンリー・フォード著作集』)

賃上げで貧困を解消するという部分だけを切り取ると、慈善活動の一環で賃上げしたように思えなくもない。しかし、フォードの真意は少し違う。

「いうまでもなく、製品を買ってくれる大衆は、どこからともなく現れるのではない。経営者も従業員も、はたまた購買者層も、すべて一体なのである。だから、もしある事業が賃金を高く、価格を安く保つような経営ができないならば、その事業は自滅せざるをえない。なぜなら、そうしなければ、その事業は、その顧客数を、いつまでたっても増加することができないからである」(『藁のハンドル』)

フォードにとっては、「貧困の解消＝消費者の購買力向上」であり、従業員の賃上げも、まわりまわって自動車の普及が進むと睨んでの経営判断だったわけだ。

市場を新たに作ろうとするとき、宣伝で需要を掘り起こしたり、低価格路線で消費者が買い求めやすい環境を整えることを思いつく人は多いかもしれない。ところが、フォードはそうした直接的な市場拡大策だけでなく、消費者の購買力アップという間接的な要因にまで尽力した。その視野の広さには、恐れ入るばかりだ。

まず自社が賃上げすることで他社も追従せざるを得なくなり、消費者の購買力が高まり、売上に結びつく。このシナリオが実際に効果を発揮するまでには、それなりに長い時間を要しただろう。ただ、うまくいった場合は、その効果は計り知れない。

スピードを求められる現代では、私たちはつい即効性のある方法ばかりに頼ってしまう。しかし、即効性のある方法は対症療法であるケースが多く、根本から事態を改善するには至らない場合が珍しくない。フォードのように、すぐ効く方法を打ち出す一方で、遅くても多大な効果がある手も打っておく。この二段構えは、私たちもぜひ参考にすべきだろう。

ルール11 「ｉｄｅａ」なくして「アイデア」なし

次々に斬新なアイデアを打ち出してきたフォードだが、発想の源は、いったいどこにあったのだろうか。フォードは、自分はたった一つのアイデアにずっとこだわってきたという。

「このアイデアは、些細で、誰でも思いつきそうなものだったが、それを発展させることが私のつとめとなったのである。小型で、丈夫で、シンプルな自動車を安価につくり、しかも、その製造にあたって高賃金を支払おうというアイデアである」(『藁のハンドル』)

実際は斬新なアイデアを数多く世に送り出してきたのに、だれでも思いつく一つのアイデアに愚直にこだわってきたというフォードの回顧に首を傾げる人もいるだろう。

その違和感も、日本語の「アイデア」と英語の「ｉｄｅａ」の違いを考えれば解消するはずだ。

日本語では、ちょっとした思いつきや具体的な工夫を「アイデア」と呼ぶ。しかし、英語の「ｉｄｅａ」は少しニュアンスが違う。思いつきや着想という意味もあるが、一方で理想や理念という意味も持つ。フォードが指していたのは後者の意味合いを含むアイデアであり、企業の存在理由となる考え(コンセプト)に近い。

フォードのｉｄｅａは、だれでも買える自動車を大量に作り、人々の暮らしを豊かにすることだった。これが木の幹ならば、食肉工場からフォード方式を思いつく、労働者の賃金を上げて未来の消費を生み出すといった、これまで触れてきた個別のアイデアは、木に実った果実である。フォードはひたすら幹を太く育てることで、これらの果実を実らせたのである。

新規プロジェクトや新商品の企画で行き詰っている人は、表面的な目新しさや奇抜さばかりにとらわれてはいないだろうか。幹となるコンセプトをないがしろにしたままアイデアをいくら出しても、実りは少ない。**行き詰ったら、まず「ｉｄｅａ」に立ち返る。**一見遠回りで愚直に見えても、そのほうが結果的には良いアイデアが生まれるはずだ。

もちろん、そのためにはまず幹となるｉｄｅａを胸に抱く必要がある。フォードのｉｄｅａは、社会に大変革をもたらす壮大なものだった。一般のビジネスマンにそれを求めるのは酷《こく》かもしれないが、「自分は何を目的としてこの仕事をしているのか」ということは突き詰めて考えておきたい。

もちろんｉｄｅａのオリジナリティにこだわる必要はない。フォードが抱いたｉｄｅａも、とくに目新しいものではなかった。ただ、フォードは実際に仕事をしていく中でそれを揺るぎない確信へと変え、自分のｉｄｅａにした。企画を考えても、どこか借り物のような発想しか浮かんでこない人は、幹となるコンセプト自体が借り物のままで、自分のものになっていないからである。

大切なのは、自分のコンセプト＝「ｉｄｅａ」を確立すること。それが個々の「アイデア」を生み出すことにつながるのだ。このルールこそ、いままで述べてきたすべてのルールの根本になるものである。

本書に登場した経営者たちが活躍したのは、一九世紀後半〜二〇世紀前半の産業の勃興期。いわば重工業を中心とした〝鉄の時代〟だった。

彼らは幸せだったと思う。事業のモデルがないので苦労したはずだが、一方で余計な先入観をもたず、働くとはどういうことか、事業はどうあるべきかといった原理原則を、シンプルに考えられる環境にいたからだ。

そうした環境で彼らがたどり着いた仕事の基本は、シンプルだが骨太であり、けっしていまも色褪《あ》せることがない。むしろ物事がシステマティックに動いて本質が見えづらい現代だからこそ、彼らが残した知恵が役に立つはず。仕事に迷いのある人は、ぜひ〝鉄の時代〟から鉄分補給をしてみてはいかがだろうか。

鉄板焼きでも食べながらゆっくり話そう

フォードルール

FORD RULES

- □ ❶ 進路が見えたら、すぐスタートを切る
- □ ❷ 仕事人としての直感を大切にする
- □ ❸ 尊敬する人物にプレゼンする
- □ ❹ 事業は小さく始める
- □ ❺ 自己宣伝で潜在的な仕事を掘り起こす
- □ ❻ 大切なルールは箇条書きにする
- □ ❼ メカニズムで把握する
- □ ❽ 変化自体を習慣化する
- □ ❾ 失敗事例に学ばない
- □ ❿ 二段構えで手を打っておく
- □ ⓫ 「i-dea」なくして「アイデア」なし

PHP新書
PHP INTERFACE
http://www.php.co.jp/

齋藤 孝［さいとう・たかし］

1960年静岡県生まれ。東京大学法学部卒業。同大学大学院教育学研究科学校教育学専攻博士課程を経て、明治大学文学部教授。専攻は教育学、身体論、コミュニケーション論。

著書に『声に出して読みたい日本語』（草思社、毎日出版文化賞受賞）、『身体感覚を取り戻す』（NHKブックス、新潮学芸賞受賞）、『「できる人」はどこがちがうのか』（ちくま新書）、『若いうちに読みたい太宰治』（ちくまプリマー新書）、『質問力』『段取り力』（以上、ちくま文庫）、『齋藤孝の「ガツンと一発！」シリーズ』（全13巻、PHP研究所）、『会議革命』（PHP文庫）、『ストレス知らずの対話術』『使える！『徒然草』』『１分で大切なことを伝える技術』（以上、PHP新書）など多数。

小学生向けセミナー「斎藤メソッド」主宰。


凡人が一流になるルール（PHP新書603）

二〇〇九年七月一日 第一版第一刷

著者――齋藤 孝
発行者――江口克彦
発行所――PHP研究所
東京本部――〒102-8331 千代田区三番町3-10
新書出版部 ☎03-3239-6298（編集）
普及一部 ☎03-3239-6233（販売）
京都本部――〒601-8411 京都市南区西九条北ノ内町11
組版――株式会社編集社
装幀者――芦澤泰偉＋児崎雅淑
印刷所
製本所――図書印刷株式会社

ISBN978-4-569-70899-7

ＰＨＰ新書刊行にあたって

「繁栄を通じて平和と幸福を」(PEACE and HAPPINESS through PROSPERITY)の願いのもと、ＰＨＰ研究所が創設されて今年で五十周年を迎えます。その歩みは、日本人が先の戦争を乗り越え、並々ならぬ努力を続けて、今日の繁栄を築き上げてきた軌跡に重なります。

しかし、平和で豊かな生活を手にした現在、多くの日本人は、自分が何のために生きているのか、どのように生きていきたいのかを、見失いつつあるように思われます。そして、その間にも、日本国内や世界のみならず地球規模での大きな変化が日々生起し、解決すべき問題となって私たちのもとに押し寄せてきます。

このような時代に人生の確かな価値を見出し、生きる喜びに満ちあふれた社会を実現するために、いま何が求められているのでしょうか。それは、先達が培ってきた知恵を紡ぎ直すこと、その上で自分たち一人一人がおかれた現実と進むべき未来について丹念に考えていくこと以外にはありません。

その営みは、単なる知識に終わらない深い思索へ、そしてよく生きるための哲学への旅でもあります。弊所が創設五十周年を迎えましたのを機に、ＰＨＰ新書を創刊し、この新たな旅を読者と共に歩んでいきたいと思っています。多くの読者の共感と支援を心よりお願いいたします。

一九九六年十月

ＰＨＰ研究所